상생의 시대정신을 통해 본
고대 동아시아 사상의 흐름

문명과 종교의 갈등이 극심한 오늘날,
우리는 동아시아에 깃든 화합의 가치를 되새길 필요가 있다.
과연 동아시아 특유의 다원주의는 어떻게 만들어졌을까?

고대 중국에서부터 이어진 유교와 도교 전통 아래,
외래종교 불교의 유입, 토착신앙의 발전 등
1~8세기는 인간과 삶에 관한 다채로운 생각들이
얽히고설킨 사유의 용광로나 다름없었다.

이후 충돌을 끝내고 공존을 선택한 유·불·선은
국가 통치이념인 유교, 내세를 기원하는 불교,
개인 수양을 위한 도교로 나뉘어 조화롭게 발전했다.

동아시아 제왕학의 교과서였던 『정관정요』,
고구려, 백제, 신라, 통일신라의 사상적 흐름이 담긴
최치원의 『계원필경』과 『사산비명』,
김부식의 『삼국사기』, 일연의 『삼국유사』,
일본 문화의 기원이 된 『일본서기』의 기록을 통해
우리 의식 깊숙이 자리 잡은 융합의 정신을 돌아본다.

사유의 충돌과 융합

일러두기

필자가 첨언한 내용은 대괄호로 구분했으며, 참조한 자료는 참고문헌으로 정리했
습니다.

시대정신으로 읽는 지성사
역사의 시그니처 02

∫ 02

사유의
충돌과 융합

동아시아를 만든
세 가지 생각

최광식
지음

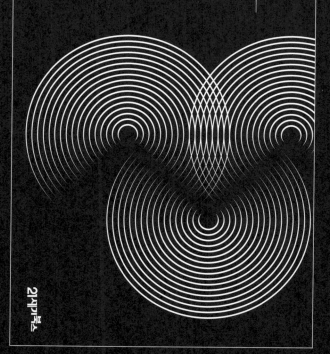

21세기북스

충돌과 융합의 시대, 유교·불교·도교의 삼중주

지금 세계가 앓고 있는 문명의 갈등은 무엇을 중심으로 하는가. 바로 극심한 종교적 대립이다. 그러한 의미에서 우리나라의 다원주의적 종교문화는 오늘날 큰 의미를 지닐 수밖에 없다. 유·불·선 융화의 전통이 종교 사이에 소통과 화합을 통한 공존을 이루어내기 때문이다.

우리나라의 다원주의적 종교문화는 유교와 불교 및 도교를 다채롭게 수용하였던 동아시아적 세계관에서 기원한다. 1세기부터 8세기 당나라에 이르기까지, 중국에서는 유·불·선의 종교의식이 충돌하고 융화하는 과정을 거쳤다. 이러한 동아시아 의식은 7세기 이후 중국으로부터 한국과 일본으로 점차 확장되었고, 한국과 일본 역시 동아시아 세계에 편입되면서 비슷한 상황을 겪었다.

이와 같은 의식의 대립과 화합의 과정은 1세기부터 8세기를 다루는 각 국가의 고전에 구체적으로 잘 나타나 있다. 이를 살펴봄으로써 동아시아 특유의 의식이 어떻게 형성되었는지를 돌아볼 수 있는 것이다.

오긍의『정관정요』는 당태종이 신하들과 나눈 이야기를 모아놓은 책으로, 유·불·선이 갈등하고 융화하며 만들어진 동아시아 특유의 통치의식이 드러난 고전이다. 이 시기는 한자의 사용과 유학의 진흥, 율령의 반포와 불교의 발전 등을 통하여 당나라와 통일신라 및 일본이 동아시아 세계를 형성하고 보편적 세계관을 확립하던 때였다.

『정관정요』는 곧 시대의 통치이념으로 자리매김하여 당나라의 황제뿐만 아니라 통일신라나 일본 왕들의 통치 지침서로도 기능하였으며, 신하들 역시 이를 귀감으로 삼아 정치를 행하였다. 그러한 의미에서『정관정요』는 1세기부터 8세기까지 동아시아 의식을 가장 포괄적으로 드러내는 고전이라 할 만하다.

중국은 기원전 3세기 진(秦)나라가 최초로 통일을 이루었으나 얼마 가지 못하고 한(漢)나라가 들어서게 된다. 이후 400여 년간 전한과 후한은 중국의 사상과 문화의 기반을 만들었다. 한무제는 기원전 1세기에 동중서(董仲舒)의 건의를 받아들여 오경박사를 두고 명당과 태학을 설립하여 유교를 국교화하였으며, 이후 1세기부터 8세기까지 유학은 중국을 통치하는 이념이 되었다. 그러나 유교를 주된 통치이념으로 삼으면서도, 당나라 시대에는 국교를 도교로 삼는 등 복합적인 면모를 보인다.

한편 불교는 기원후 1세기에 서역을 통하여 한나라에 전해졌는데, 대승과 소승의 경전들이 번역되어 불교의 이해를 넓혔다. 이후 5세기에는 구마라습(鳩摩羅什)이 당나라의 수도 장안에 와서 『대승경전』을 번역하면서 교리연구가 진행되었다. 그리고 남북조시대, 특히 북조의 왕들이 부처와 왕을 동일시하는 '왕즉불' 사상을 내세우며 지원한 결과 더욱 발전을 이룬다. 비록 시대를 거쳐오며 탄압받기도 하였으나, 불교의 영향력은 8세기까지 지속되며 유교와 불교 및 도교의 충돌과 융합 시대는 이어졌다.

한편 삼국의 경우, 유교는 낙랑군을 통하여 전래되었는데, 고구려는 소수림왕 2년(372) 태학을 설치하여 유학을 가르쳤으며, 백제는 오경박사를 두었고, 신라의 화랑도에는 유교적 이념이 포함되어 있었다. 불교 또한 고구려와 백제에서는 4세기 말 전래 수용되어 순조롭게 공인되었다. 신라는 5세기 말에 전래 수용되었으나 공인은 6세기 초이차돈의 순교 이후에 이루어졌다. 나아가 삼국은 노자의 『도덕경』을 통하여 도교의 무위자연사상도 받아들였다. 결국 통일신라시대에 이르러서는, 각기 일가를 이루어나가던 유교와 불교 및 도교를 서로 소통하여 조화시키려는 흐름도 나타났다.

신라의 6두품 출신 유학자인 최치원은 「난랑비서」를 통하여 토착신앙을 기반으로 외래종교인 유교와 불교 및 도교를 아우르려는 이상을 글로 남겼다. 당나라에서 유학을 하고 벼슬에 오르기도 하였던 그는 이미 그곳에서 복합적으로 조화를 이루는 사상적 흐름을 경험하였다. 이에 따라 유·불·선 융화의 가르침이 담긴 신라의 '풍류도'를 더욱 진흥하고자 하였으며, 이러한 그의 사상은 『계원필경』과 『사산비명』에 구체적으로 드러나 있다.

고려시대의 유학자 김부식이 지은 『삼국사기』 또한 1세기에서 8세기까지 동아시아 의식을 살펴볼 수 있는 귀중한 사료다. 12세기에 편찬되었으나 삼국과 통일신라의 역사를 담았기에 유교와 불교 및 도교가 서로 충돌하고 융화하는 사상의 흐름을 내보인다. 유교적 입장에서 교훈주의적 색채로 쓰인 삼국 흥망의 역사를 통하여, 당시 삼국이 유·불·선의 종교를 어떤 방식으로 수용하였는지 알 수 있다.

또한 13세기에 고려의 승려 일연에 의하여 편찬된 『삼국유사』는 불교를 중심으로 유교와 도교가 융화를 이루는 삼국의 시대적 상황을 잘 보여준다. 몽골 침략 이후 원나라 간섭기, 그는 민족의식을 고취하고자 한 민족의 기원에서 부터 신이한 일들을 기록하며, 불교를 중심으로 삼국의 역사를 조명한다. 이를 통하여 우리는 김부식의 기록과는 다른 삼국의 사상사를 조명할 수 있다.

삼교 융화의 흐름은 당나라에서 삼국으로, 다시 일본으로 흘러갔다. 일본은 주로 백제를 통하여 유교와 불교 및 도교를 수용하였다. 백제는 유교 경전과 『천자문』 등을 전해주었으며, 불교와 불교문화도 전파하였고, 노자의 『도덕경』을 전하여 도교의 무위자연사상을 이해할 수 있게 하였다.

1세기에서 8세기까지 일본 사상계의 흐름은 8세기 초 도네리 친왕이 지은 『일본서기』를 통하여 살펴볼 수 있다. 여기에는 중국과 한국으로부터 수용한 유교와 불교 및 도교가 일본의 방식대로 융화하는 모습이 담겨 있다. 그리고 유·불·선의 수용을 통하여 일본이 점차 중앙집권화하는 과정도 확인할 수 있다. 일본에서는 토착신앙인 신기신앙(神祇信仰)을 중심으로 불교와 유교를 아우르는 신·유·불 습합을 이루었다.

이와 같이 유·불·선이 충돌하고 융화하는 동아시아 각국의 사상적 흐름에는 공통점과 차이점이 존재한다. 그리고 1세기에서 8세기를 다루는 고전들에는 동아시아 의식의 충돌과 융화의 과정이 고스란히 담겨 있다.

동아시아 의식의 오래된 용광로 속에서 우리가 발견할 수 있는 소통과 화합의 가치는 지금의 시대에도 여전히 유효하다. 우리나라를 비롯한 동아시아 의식의 저변을 이루는 다원주의적 사상, 종교문화의 시작점을 거슬러 가보는 일이 중요한 이유이다. 이제부터 1세기에서 8세기까지의 인물과 고전을 통하여 오늘날 우리가 회복하여야 할 가치를 돌아보자. 많은 독자분들이 이 여정에 함께하기를 바란다.

끝으로 책을 완성하는 데 도움을 준 북이십일의 양으녕 팀장과 정민기 에디터에게 감사의 말씀을 드린다.

2023년 3월
안암의 언덕에서

차례

PART 3

유학자가 바라본 사유의 용광로, 삼국과 통일신라
_김부식 『삼국사기』

PART 4

민족의식을 일깨운 화합과 통합의 가치
_일연 『삼국유사』

PART 5

사상의 융합 위에 국가체제를 완성한 일본
_도네리 친왕 『일본서기』

PART 1

오긍 『정관정요』

동아시아의
통치이념이 된 유교

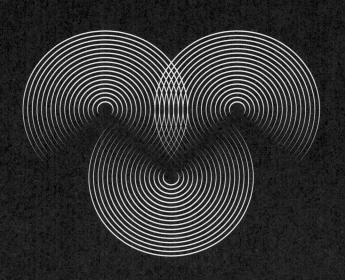

오긍 吳兢 670~749

8세기 초『정관정요』를 저술한 중국 당나라 시대의 사학자.

어린 시절부터 학문을 연마하여 경학과 역사학에 조예가 있었던 그는 측천무후 집권 시기(690~705)에 사관으로 국사 편찬에 참여하였다. 『사통(史通)』을 지은 유지기(劉知幾) 등과 함께 『측천실록』, 『예종실록』, 『중종실록』 등 다양한 사서를 편찬하였으며, 대표 저작인『정관정요』는 당태종의 통치 시기(626~649)보다 60여 년이나 지나서 저술되었다.

사관인 그는 최고 통치자인 황제가 잘못된 행동을 하면 백성들이 큰 고통을 받고 국가의 종묘사직에 크나큰 피해를 줄수 있다고 생각하였다. 측천무후 때 관직을 지내며 학정을 겪었던 그는 군주의 잘못이 백성들에게 커다란 고통을 준다는것을 몸소 경험하였기 때문이다.

『정관정요』는 이와 같은 배경에서 미래 세대에게 교훈을남기기 위하여 기록한 저서다. 따라서 중국의 역사 서술 기본원칙인 춘추 필법을 바탕으로 태종의 장점뿐만 아니라 단점까지 가감 없이 기록하였다.

역사상 가장 위대한
'정관의 치'를 기억하라

태종 대의 정치가 바로 되어
진실로 충분히 볼 만한 점이 있었으니…
크나큰 정치를 널리 천명하였으며
지극한 도를 더욱 숭고하게 하였습니다.

— 「서문」, 『정관정요』

8세기 당나라와 통일신라, 발해 및 일본 등은 동아시아 세계를 형성하여 동아시아 역사의 새로운 지평을 열었다. 당 태종은 불교, 유교, 율령체제를 통하여 중국뿐 아니라 한국과 일본 등을 하나의 문화권으로 연결함으로써 동아시아 세계를 구축하였다. '정관(貞觀)의 치(治)'라 불리는 태종의 통치 시기는 중국의 역사에서 가장 위대하고 태평성대를 구가하던 시절로, 후대의 제왕들도 이를 참고하여 정치를 행하였다.

『정관정요』는 당시 태종이 위징(魏徵), 방현령(房玄齡) 등을 비롯한 신하들과 정치의 요체에 대하여 주고받은 문답으로, 제왕학의 지침서라고 불린다. 이뿐만 아니라 당대의 종교와 사상인 유교와 불교 및 도교에 대한 내용을 수록하고 있으므로, 도교를 국교로 하면서도 유교를 통치이념으로 하고 불교를 숭상한 구체적인 내용을 엿볼 수 있다.

태종 대의 정치가 바로 되어 진실로 충분히 볼 만한 점이 있었으니 예부터 지금에 이르기까지 그러한 경우는 적었습니다. 가르침을 세운 아름다움과 전장(典章), 책략(策略), 간언(諫言)과 상주(上奏)하는 문장들을 후세에 드리우게 되었으며, 크나큰 정치를 널리 천명하였으며 지극한 도를 더욱 숭고하게 하였습니다. 재주가 부족한 신에게 명하여 보다 자세히 가려 수록하게 하였으니 문장의 체제의 대강이 모두 정해진 규범에 들어맞았습니다.

— 「서문」, 『정관정요』

이 글은 오긍이 당나라 현종에게 『정관정요』를 바치며 올린 서문이다. 그는 측천무후가 물러나고 중종이 복위되면서 측천무후의 학정이 빚어낸 재앙을 되풀이해서는 안 된다는 생각으로 이 책을 지었다. '정관의 치'라 불린 태종 시대의 정황을 올바른 정치의 귀감으로 삼도록 저술한 것이다.

처음에는 중종을 위하여 올린 것인데 재상인 한휴(韓休)가 이를 높이 평가하여 후세에 제왕과 군신에게 귀감이 되도록 오긍에게 개편하도록 하였다. 이에 현종 대에 『정관정요』를 완성하여 올렸다고 전한다.

오긍은 서문의 맨 앞에 옛날의 전적을 찾아서 글을 짓게 된 연유를 밝힌다. 현종 대의 시중(侍中)인 안양공(安陽公)

과 중서령(中書令) 하동공(河東公)이 현종을 보좌하여 아름다운 조화를 이루었는데, 앞으로 다시 예(禮), 의(義), 염(廉), 치(恥)의 사유(四維)가 펼쳐지지 못할까 염려하였다는 것이다. 그러면서 태종 대에 정치가 잘 이루어지고, 전장과 책략, 간언과 상주하는 문장이 잘 남아 있어서 그것들을 취사선택하여 편찬하였다고 덧붙인다.

『정관정요』의 편찬 목적은 권선징악(勸善懲惡)적 차원에서 군사적인 사항과 정치적인 사항을 남기고자 한 데 있다. 그러나 앞서 언급하였듯이 태종 대의 유교와 불교 및 도교에 대한 언급을 통하여 당대의 사상을 살펴볼 수 있다는 점도 특히 중요하다. 유교와 불교의 관계, 불교와 도교의 융화된 모습을 엿볼 수가 있는 것이다.

『정관정요』는 모두 10권 40편으로 구성되어 있다. 하나씩 살펴보면 이렇다. 제1권에서는 군주가 갖추어야 할 도리와 정책의 근본에 대하여 논한다. 제2권에서는 어진 관리의 임명과 간언의 주요성을 역설한다. 제3권에서는 군주와 신하가 거울로 삼아야 할 계율의 문제와 관리의 선발 방법 및 봉건제를 다룬다. 제4권에서는 태자와 왕자를 경계시키는 내용으로 특히 태자의 교육에 대하여 논한다. 제

5권에서는 유교에서 강조하는 인(仁), 효(孝), 충(忠), 신(信), 공평 등에 대하여 문답식으로 서술한다.

제6권에서는 검소와 절약, 겸손과 사양, 어짊과 측은함 등 임금이 지켜야 할 덕목에 대하여 논한다. 제7권에서는 유학과 문학, 역사 등을 다룬다. 제8권에서는 백성들의 실생활과 관련된 농업과 형벌 및 세금 등을 논한다. 제9권에서는 대외적인 정벌과 변방 정책 등 국방 문제를 서술한다. 제10권에서는 임금이 순행과 사냥을 자제하고, 초심을 끝까지 지킬 것을 강조한다.

오긍은 제왕들이 이를 참고하여 통치의 귀감으로 삼아, 제업(帝業)을 영구히 빛나도록 하기 바란다고 하였다.

저절로 다스려지는
통치의 기술

자만하여서 차고 넘는 것을 두려워할 때는
곧 큰 강과 바다가 개천의 물줄기를 모두
받아들인다는 것을 생각하여야 합니다.

– 「군도」 편, 『정관정요』 권1

당태종과 신하들의 문답 대부분은 『논어』, 『맹자』, 『중용』 등 유교의 경전을 바탕으로 유교적 통치이념을 강조하는 내용들로 이루어져 있다. 공자의 『논어』에 나오는 '무위지치(無爲之治)'의 개념도 그렇다. 무위지치란 성인의 덕은 지극히 커서 아무 일을 하지 않아도 저절로 천하가 다스려진다는 것이다. 위징은 태종에게 상소를 올려 '무위지치의 열 가지 방법'을 다음과 같이 논하였다.

> 임금은 자기가 원하는 것 앞에서 만족할 때 자신을 경계하고, 토목공사를 일으킬 때는 그칠 때를 알아서 백성이 편안한 생활을 하도록 하여야 합니다. 위태로운 일을 생각할 때는 겸손함과 온화함으로 자신을 경계하고, 자만하여서 차고 넘는 것을 두려워할 때는 곧 큰 강과 바다가 개천의 물줄기를 모두 받아들인다는 것을 생각하여야 합니다.
>
> ─ 「군도」 편, 『정관정요』 권1

권1 중에서 「군도」 편은 최고 통치자인 임금이 갖추어야 할 도리에 대하여 태종과 신하들이 문답을 주고받은 이야기로 구성되어 있다. 위징은 상소를 올려서 "수많은 임금들이 천명을 받아 창업을 하였지만 시간이 지나면서 덕행을 잃고 수성을 제대로 한 임금은 별로 없다"라고 하였다. 창업할 때는 성심성의를 다하여 신하들을 대하였지만, 뜻을 얻고서는 방종하여서 거만하게 굴었기 때문이라고 지적한 것이다.

결국 두려워할 것은 민심이며, 물은 배를 두둥실 띄울 수도 있고 뒤집을 수도 있으므로 마땅히 신중하여야 한다며 '무위지치'를 위한 열 가지 방법을 논하였다. 자신의 총명한 눈과 귀를 사용하여 올바로 판단한다면 무위의 위대한 도리를 행할 수 있다는 것이다.

위징은 각종 미덕을 펼치고, 재능이 있는 사람을 뽑아서 직무를 맡기며, 정확한 의견을 선택하여 일에 반영하면 신하들과 백성들이 앞을 다투어 나라에 충성할 것이라고 하였다. 그러면 임금은 사냥을 즐길 수 있고, 오래 살 수 있으며, 백성들에게 역설하지 않아도 저절로 교화될 것이라는 것이다.

이에 대하여 태종은 위징의 상소에 대한 조서를 직접 써서 그의 충정을 칭찬하고, 위징이 정치에 대한 훌륭한 계책을 바쳐 자신의 부족한 점을 보충하였다며 치하하였다. 태종은 조서에서 신하는 조정에 나와서 나라를 위하여 성심을 다하고, 조정에서 물러 나와서는 자신을 수양함으로써 허물을 고쳐야 한다고 하였다.

임금이 덕치를 하면 도와서 일을 처리하고, 임금에게 잘못이 있으면 바로잡아 임금과 신하가 하나가 되어 나라를 다스려야 한다고도 적고 있다. 그러면서 "임금과 신하 사이가 물고기와 물의 관계와 같다"는 것이 분명히 드러났다고 하며 자신을 두려워하지 말고 기탄없이 정치의 득실에 대하여 지적하기를 바란다고 답변하였다.

이어서 태종과 위징은 편안함을 경계해야 한다는 이야기를 주고받는다. 태종은 정치에서 현명하고 능력이 있는 사람을 임명하고, 충언을 받아들이는 것이 왜 어려운지 이유를 물었다.

이에 대하여 위징은 대답한다. "임금들이 상황이 위급할 때는 어질고 재주가 있는 사람을 임명하고 충언을 받아들였으나, 천하가 안정되고 살기 좋아지면 게을러지고 태만하게 되어 충언을 제대로 하지 않았다"는 것이다. 그러면서 편안한 시기가 오면 나태하게 되어 국력이 쇠약하고 위급한 상황에 이르게 되므로 이러한 때일수록 두려운 마음을 가져야 한다고 강조하였다.

다음에 수록된 「정체」 편에서도 임금이 겸손하게 신하들의 의견을 받아들이고, 신하들도 거리낌 없이 시비를 가릴 수 있을 때 나라의 정치가 안정된다고 보고 있다. 나아가 태종은 자신의 눈과 귀 및 팔다리가 할 수 있는 일은 신하에게 맡길 테니 임금과 신하가 한 마음 한 몸이 되어 나라를 다스리자며, 신하들의 협조를 당부하면서 군신일체(君臣一體)를 중요한 덕목으로 제안하였다.

또한 태종은 그를 옆에서 모시는 신하들을 향하여 "나라를 다스리는 것과 질병을 치료하는 것에는 어떤 차이도 없으니 환자의 상태가 좋아졌다고 생각하면 잘 보살펴야 하오. 만일 다시 발병하여 악화되면 반드시 죽음에 이를 것이니, 나라를 다스리는 것 또한 그러한 것이다"라고 하였다. 평화롭다고 하여 교만하게 굴거나 사치스러운 생활을 하면 틀림없이 나라가 멸망할 것이므로 천하가 편안할수록 더욱 조심하고 삼가야 한다는 것이다. 이처럼 권1에는 임금과 신하들이 통치의 핵심에 대하여 문답식으로 나눈 이야기가 담겨 있다.

앞서 설명하였듯 태종과 신하들이 말하고 있는 내용은 대부분 유교의 경전에 들어 있는 이야기를 인용하기에, 자연스럽게 유교적 통치이념을 강조한다. 그러나 '무위지치'는 노자가 『도덕경』에서 주장한 '무위이화(無爲而化)'와도 사상적으로 통한다. 따라서 유교와 도교가 융화하고 있다고 볼 수 있다.

군주라도 두려워 말고
허물을 비추라

사람이 자기의 얼굴을 비추려면
반드시 밝은 거울이 있어야 하고,
임금은 자신의 허물을 알려고 하면
충신의 도움이 필요하오. …
대신들은 임금이 백성에게
불리한 일을 하는 것을 보면
반드시 직언하여 간언을 하여야 하오.

– 「구간」편,『정관정요』권2

당태종은 위엄이 있고 모습이 엄하여 문무백관 가운데 알현하는 사람들조차 당당하게 행동하지 못하였다고 한다. 신하들의 이러한 심리 상태를 알게 된 태종은 이후 대신들을 접견할 때 편하게 대하였는데, 그러면서 '신하는 군주의 허물을 비추는 거울'이라고 하였다.

권2의 「구간」 편은 군주가 신하에게 간언을 간절히 구해야 하는 필요성 및 신하들이 침묵하는 이유 등에 대하여 논하고 있다.

사람이 자기의 얼굴을 비추려면 반드시 밝은 거울이 있어야 하고, 임금은 자신의 허물을 알려고 하면 충신의 도움이 필요하오. 만일 임금이 스스로 성현이라고 여기고 신하도 정확한 의견을 제시하여 바로잡지 않는다면, 위험과 실패를 면하는 것이 어찌 가능하겠소? 임금이 나라를 버리면 신하 또한 자신의 집안을 보전할 수 없소. 수양제는 잔인하고 포악하였는데 신하가 입을 다문 채 아무 말도 하지 않아서 자기에게 어떤 허물이 있는지 듣지 못하였소. 결국 나라가 멸망하였으며 우세기(虞世基) 등의 대신 또한 오래지 않아 죽음을

당하였는데 이것은 오래전의 일이 아니오. 대신들은
임금이 백성에게 불리한 일을 하는 것을 보면 반드시
직언하여 간언을 하여야 하오.

- 「구간」편, 『정관정요』권2

사람이 자기의 얼굴을 제대로 보려면 거울이 있어야 하
듯이, 임금이 자신의 허물을 알기 위해서는 충성스러운 신
하가 필요하다. 임금이 잘못을 저질렀을 때 이를 간언하는
신하가 있어야 자신의 잘못을 거울에 비추어 보듯 깨닫고
고칠 수 있기 때문이다.

물론 그러한 간언을 받아들이기 위해서는 현명한 임금
이 있어야 한다. 따라서 태종이 어진 임금과 똑똑한 재상이
만나는 것을 물고기가 물을 만나는 것과 같다고 한 것이다.
태종 대에 '정관의 치'라는 태평성대를 이룰 수 있었던 것
도 그 때문이다.

이러한 태종의 말에 간의대부(諫議大夫) 왕규(王珪)는 대
답하였다. "저는 '굽은 나무도 먹줄을 따라 자르면 바르게
되고, 임금이 신하의 간언을 받아들이면 사리에 밝아질 수
있다'라고 들었습니다." 그러면서 예전의 성군에게는 반드

시 직언하고 간언하는 일곱 명의 신하가 있었다고 덧붙였다. 이어서 그는 태종 또한 성인처럼 생각이 탁 트여 신하들의 의견을 받아들이기에 신하들이 거리낌 없이 직언할 수 있는 시대에 살고 있다며, 성심을 다하여 간언하겠다는 다짐을 하였다.

이에 태종은 왕규의 이야기를 칭찬하고, 재상이 궁궐로 들어와 나라의 대사를 처리할 때는 반드시 간의대부 왕규와 함께 들어오게 하여 국사에 참여하도록 하였다. 그가 의견을 제시하면 반드시 허심탄회하게 받아들였다고 한다.

사람을 가려내는
기준을 마련하다

임금으로 하여금 영광스러운 상황에 처하도록 하는
신하가 성신(誠臣)이다. ⋯
허물이 있을 때 바로잡는 신하가 양신(良臣)이다. ⋯
의지를 격려하는 신하가 충신(忠臣)이다. ⋯
마침내 근심이 없게 하는 신하가 지신(智臣)이다. ⋯
절약하며 검소하게 사는 신하가 정신(貞臣)이다. ⋯
허물을 면전에서 말하는 신하가 직신(直臣)이다.

– 「택관」 편, 『정관정요』 권3

공정한 원칙을 버리고 충직하고 어진 사람을 멀리한다면, 새벽부터 밤늦게까지 부지런히 몸과 마음을 다하여도 나라를 성공적으로 다스릴 수 없다. 권3의 「택관」 편에서는 신하의 행위에는 여섯 가지 장점과 단점이 있다고 하며, 육정(六正)과 육사(六邪)에 대하여 논한다. 지금 우리의 현실에 시사하는 바가 큰 대목이라고 할 수 있다.

육정은 첫째, 일의 단초가 발생하지 않고 조짐이 드러나기 전에 홀로 나라의 존망과 득실의 요체를 미리 살펴보고, 사단이 일어나기 전에 그것을 방지하여 임금으로 하여금 영광스러운 상황에 처하도록 하는 신하가 성신(誠臣)이다.

둘째, 정성껏 국사를 처리하고 매일 임금에게 아뢰고, 임금에게 좋은 생각이 있으면 따르고, 임금에게 허물이 있을 때 바로잡는 신하가 양신(良臣)이다.

셋째, 일찍 일어나고 늦게 자며, 어질고 재능 있는 자를 추천하는 일에 게으르지 않고, 늘 옛 성현의 행실을 칭찬하며, 그것으로 임금의 의지를 격려하는 신하가 충신(忠臣)이다.

넷째, 일의 성패를 분명히 알고, 일찍 대비하여 방책을 구하고, 틈이 있는 부분을 막고 재앙의 근원을 끊으며, 재앙을 복으로 만들어 임금으로 하여금 마침내 근심이 없게 하는 신하가 지신(智臣)이다.

다섯째, 공문을 준수하고 법령을 받들어 관리를 임명하고 일을 맡길 때 뇌물을 받지 않으며 봉록을 사양하고, 포상을 다른 사람에게 양보하고, 음식을 절약하며 검소하게 사는 신하가 정신(貞臣)이다.

여섯째, 나라에 혼란이 발생할 때, 아첨하지 않고 간언으로 임금의 안색을 바꾸게 하고, 임금의 허물을 면전에서 말하는 신하가 직신(直臣)이다.

– 「택관」편, 『정관정요』권3

성신, 양신, 충신, 지신, 정신, 직신 등 육정에 대한 이야기는 전한(前漢) 시기 유향(劉向)이 한대까지의 사적과 유명한 인물들의 일화를 편집한 『설원(說苑)』의 내용을 인용하고 있다. 유교적 정치사상과 사회윤리에 입각하여 교훈적인 내용을 실었는데, 이어서 육사에 대해서도 언급하였다.

첫째, 관직에 안주하고 봉록을 탐내며 공사에 힘쓰지 않고, 세태의 흐름에 따라 부침하며 일이 발생하면 관망하고 자신의 견해가 없는 신하는 구신(具臣)이다.

둘째, 임금이 어떤 말을 하든 모두 좋다고 하고, 임금이 어떤 일을 하든 모두 옳다고 하며, 몰래 임금이 좋아하는 것을 바치고, 그것으로 임금의 눈과 귀를 즐겁게 하고, 임금의 술수에 영합하여 자신의 관직을 보존하며, 임금과 함께 즐기면서 이후의 폐해에 대해서는 돌아보지 않고 아첨하는 신하는 유신(諛臣)이다.

셋째, 마음속은 간사하고 나쁜 생각으로 가득하면서 겉으로는 근신하고, 교묘한 말과 온화한 낯빛으로 다른 사람의 환심을 사지만 안으로는 어진 사람을 질투하는 신하는 간신(奸臣)이다.

넷째, 교묘하게 잘못을 가리고 궤변을 늘어놓으며, 속으로는 골육지친(骨肉之親)의 관계를 이간하고, 밖으로는 조정에서 반란을 조장하는 신하는 참신(讒臣)이다.

다섯째, 권력을 쥐고 전횡하며 사사건건 시비를 걸고, 사사로이 패거리를 지어 자기 집만 부유하게 하고 임의로 임금의 뜻을 위조하는 신하는 적신(賊臣)이다.

여섯째, 화려하고 교묘한 말로 임금을 속여 불의에 빠지게 하고, 사사로이 당파를 결성하여 임금의 눈을 가려서 흑백을 구분하지 못하게 하고, 시비가 불분명하여 임금의 악명이 전국에 전해지고 사방의 이웃 나라에까지 퍼지도록 하여 나라를 멸망시키는 신하는 망국지신(亡國之臣)이다.

그러면서 어진 신하는 육정의 원칙에서 육사의 권모술수를 실행하지 않기 때문에 군주는 편안해하고 백성은 저절로 다스려지니 이것이 신하가 되는 방법이라고 하였다.

이어서 포상과 징벌의 공정성에 대해서도 논하고 있다. 국가에서 충성스럽고 어진 사람은 발탁하고 재능이 없는 사람은 파면하려고 한 지 10여 년이 지났으나 실제로 이루어지지 않았다는 것이다. 왜냐하면 임금이 좋아하는 사람은 비록 죄가 있어도 벌을 내릴 수 없으며, 임금이 싫어하는 사람은 잘못이 없어도 징벌을 면하지 못하기 때문이다.

상(賞)이 사람들의 선행을 권하지 못하고, 사악한 사람을 징벌하지 못한다면 공정하다는 말만 있지 공정한 실천이 이루어지지 않는다는 이야기이다. 유교적 정치이념을 아는 것도 중요하지만 그것을 실천하는 것이 더 중요하다는 것이다. 입으로는 공정을 외치지만 실제로는 공정하지 못한 지금의 정치인들이 귀담아들을 내용들이다.

『주역』에서 찾은 실천윤리

'인의예지'로
삶을 완성하라

군신 간의 예의를 바르게 하고,
부자간의 정을 도탑게 하여
정의(情義)가 넘쳐흐르며,
큰 도리를 널리 확산하는 것은
사람에게 달려 있습니다.

– 「규간태자」 편, 『정관정요』 권4

"원(元)은 착함이 자라는 것이요, 형(亨)은 아름다움이 모인 것이요, 이(利)는 의로움이 조화를 이룬 것이요, 정(貞)은 사물의 근간이다. 군자는 인을 체득하여 사람을 자라게 할 수 있고, 아름다움을 모아 예에 합치할 수 있고, 사물을 이롭게 하여 의로움과 조화를 이루게 할 수 있고, 곧음을 굳건히 하여 사물의 근간이 되게 할 수 있다."

『주역』의 건괘(乾卦)에서 네 가지 덕행인 원·형·이·정에 대하여 논하는 부분이다.『정관정요』의 권4는 고전을 중시하여 이를 잘 배우고 실천하라는 내용을 담고 있는데, 그중 「규간태자」편은 유교 경전의 교훈을 귀하게 여겨, 특히 네 가지 덕행인 원·형·이·정을 숭상하라는 이야기이다. 원은 인(仁), 형은 예(禮), 이는 의(義), 정은 지(智)의 의미로 유교적 가치를 강조하고 있는 것이다.

천지자연의 네 가지 덕행을 존중하여 실행하였으며, 매번 뜰에서 예의에 대하여 들었습니다. 성상의 교훈을 받들어 행하고, 예법에 맞게 처신하였으며, 성상의 뜻을 드날려 천명을 드러냈습니다. 부자의 도리를 실행하고 길흉을 점쳐서 시비를 가릴 수 있었습니다. 군

신 간의 예의를 바르게 하고, 부자간의 정을 도탑게 하
여 정의(情義)가 넘쳐흐르며, 큰 도리를 널리 확산하는
것은 사람에게 달려 있습니다.

－「규간태자」편, 『정관정요』권4

이외에도 권4에서는 주로 유교적 이념과 윤리를 담고
있다.「태자제왕정분」편은 집안일과 나랏일을 구분하라
는 지침, 자식 자랑도 절제가 필요하다는 이야기, 적자와
서자의 예우법, 태자와 제후의 명분론 등에 대하여 신하들
과 문답을 주고받은 내용을 담고 있다.

「존경사부」편은 스승을 섬기는 예법, 훌륭한 스승과 훌
륭한 임금의 관계, 사부를 황제 대하듯 하라는 가르침, 태
자의 국가적 중요성, 태자가 힘써 배우고 현인을 만나게 하
고, 신하들이 태자를 만날 기회를 열어주라는 이야기로 이
루어져 있다.

또한「교계태자제왕」편은 귀에 거슬리는 직언이 큰 인
물을 만든다거나 과거의 일을 거울삼아 몸가짐을 바로잡
도록 하여야 한다는 이야기, 덕으로 복종시키라는 교훈, 태
자와 왕자에게는 직책보다 가르침이 우선이라는 내용 등

이 실려 있다.

이와 같이 『정관정요』는 태종과 신하들이 문답을 주고
받는 과정에서 유교 경전들을 상당수 인용하고 있다. 유교
적 정치이념과 사회윤리가 당대의 통치이념이라는 것을
다시 한번 확인할 수 있는 대목이다.

06

모든 것에는
그에 맞는 자리가 있다

짐은… 오로지 인의(仁義)와 성신(誠信)으로
나라를 다스려
요즈음의 경박한 기풍을 바꾸기를 바라오.

– 「인의」 편, 『정관정요』 권5

정명론(定命論)은 인륜상의 명분을 바로 세우라는 주장으로, 공자에 의하여 최초로 역설되었다. 공자는 『논어』에서 "반드시 명분을 바로 세워야 한다, 명분이 바로 서지 못하면, 말이 올바르지 못하고, 말이 올바르지 못하면 일이 성사되지 않는다"라고 하였다.

이는 신하는 무조건 임금에게 충성하고, 자식은 무조건 아버지에게 효도하라는 군사부일체(君師父一體)의 관념을 강조하는 것이다. 유교에서는 모든 존재가 유교적 질서에 따른 올바른 위치가 있다고 보기에 제왕 역시 그에 맞는 올바른 행동이 요구된다. 정관 원년(627) 당태종이 말하였다.

짐은 예로부터 임금이 인의(仁義)로 나라를 다스리면 그 국운이 길게 이어지지만, 법에만 의지하여 백성을 다스리면 잠시 혼란한 폐해는 구제할 수 있더라도 나라의 패망 또한 재촉하는 것을 보았소. 이미 앞 시대의 임금들이 나라를 다스려 공을 세운 사례를 보니 귀감으로 삼을 만하오. 이제 오로지 인의와 성신(誠信)으로 나라를 다스려 요즈음의 경박한 기풍을 바꾸기를 바라오.
— 「인의」편, 『정관정요』권5

임금이 인의로써 나라를 다스리면 국운이 영원하지만, 법으로만 다스린다면 일시적 혼란은 구제할 수 있어도 국운은 영원하지는 않다는 이야기이다. 이것은 인의를 기본으로 다스리는 유가(儒家)의 덕치와 왕도(王道) 정치를 의미한다.

이처럼 「인의」 편은 법으로 다스리는 법가사상이나 무력으로 나라를 다스리는 패도(覇道) 정치의 폐해에 다루고 있다. 물론 패도 정치도 새로운 왕조를 창업하였을 때는 유용하지만, 기존의 왕조 국가를 수성하기 위해서는 왕도 정치가 바람직하므로 유교의 덕치를 강조한 것이다.

이에 황문시랑(黃門侍郎) 직책의 왕규는 천하의 인의와 도덕이 사라진 것이 오래되었으나 태종이 현실 세상에서 도덕 정치를 펴서 풍속을 바꾸었으니 자손만대의 복이라고 하였다. 도덕 정치나 인의를 기반으로 한 정치는 요순시대에나 가능한 이상적 정치인데 자기들 당대에 이것을 이루었으니 크나큰 홍복(洪福)이라는 것이다. 아울러 어질고 덕망이 있는 인재를 얻어 이러한 태평성대를 이어나가야 한다고 강조하였다.

태종은 꿈속에서도 현인을 그리워하고 있다고 답하는

데, 이를 보면 그가 인재 등용을 매우 중요시하고 있는 것을 알 수 있다. 이어서 태종은 태평성대를 이루기 위하여 인의로써 어루만지고, 위엄과 신의로써 모범을 보이며, 백성의 마음을 헤아리고, 가혹함과 각박함을 제거하고, 이단을 만들지 않는다면 나라가 자연히 태평하게 될 것이라고 하였다. 임금의 솔선수범을 중요시하고 실천하고 있는 것을 볼 수 있다.

한편 「충의」 편에서는 국가와 임금에게 충성을 바친 고사를 예로 들면서, 흥미롭게도 당나라의 적국이었던 고구려 장수들의 충성에 대하여 다룬다. 태종이 고구려의 안시성을 공격하자 고구려의 병사들과 백성들이 필사적으로 저항하여 끝내 함락시킬 수 없었다는 것이다. 태종은 퇴각을 준비하면서 안시성을 견고하게 수비하여 안시성을 지킨 성주를 칭찬하고, 비단 300필을 내려 나라를 위하여 충성한 사람들을 격려하였다. 장수들과 백성들이 나라와 임금을 위하여 죽음을 무릅쓰고 충성과 의리를 지킨 것에 대하여, 비록 적국이지만 포상을 하였다는 내용이다.

「성신」 편에서는 나라를 다스리는 네 가지 큰 줄거리에 대하여 논하였는데, 위징이 올린 상소를 바탕으로 이야기

를 이어간다. 위징은 나라를 다스리는 기본은 덕행과 예의
에 기대야 하고, 임금을 보장하는 것은 성실과 신용에 있다
고 주장하였다. 임금은 임금답고, 신하는 신하다우며, 아버
지는 아버지답고, 아들은 아들다운 윤리 관계를 지켜야 한
다는 유교의 정명론을 역설한 것이다.

도교를 믿되
유교로 다스려라

진시황이 궁궐을 지으면서
수많은 사람들의 비난을 받았는데,
자신의 사욕을 추구하고
사람들과 일을 공유하지 않았기 때문이오.
짐은… 진시황의 일을 생각하여
다시 짓지 않기로 하였소.

– 「검약」 편, 『정관정요』 권6

당태종은「신소호」편에서 자신이 좋아하는 것은 요순 임금의 도(道)와 주공과 공자의 가르침이라고 하였다. 이는 곧 당나라의 국교가 도교이지만 그것은 종교이고, 나라를 통치하는 이념은 유교적 정치이념이라는 것이다. 한마디로 정치와 종교는 분리하여 생각하여야 한다는 뜻이다. 정관 원년(627), 태종이 그를 모시는 신하들에게 이야기하였다.

> 자고로 임금들이 공사를 일으킬 때는 반드시 민심에 순응하는 것을 귀하게 여겼소. 옛날 위대한 우임금은 구산(九山)을 뚫고 구강(九江)을 통하도록 하였소. 당시에 매우 많은 인력을 동원하였지만, 원망하는 말이 없었던 것은 민심이 바라던 바였고 사람들과 공유하였기 때문이오. 진시황이 궁궐을 지으면서 수많은 사람들의 비난을 받았는데, 자신의 사욕을 추구하고 사람들과 일을 공유하지 않았기 때문이오. 짐은 지금 궁궐을 지으려고 목재를 이미 갖추어 놓았지만 멀리 진시황의 일을 생각하여 다시 짓지 않기로 하였소.
>
> ─「검약」편, 『정관정요』권6

'정관의 치'는 중국 역사상 가장 발전한 시기였다. 그런데도 태종이 새로운 궁궐을 지으려던 계획을 포기한 것을 보면 정말 대단한 황제였다는 생각이 든다. 오긍은 후대의 황제들이 이 기록을 통하여 함부로 민심을 거슬러서 공사를 일으키지 않았으면 하는 심정으로 이 이야기를 싣고 있다. 이뿐만 아니라 태종은 정교한 보석이나 복식들이 사치스러워지면 나라가 멸망할 징조라고 하면서 관혼상제의 의례도 허례허식을 지양하여야 한다고 말하였다.

역사적으로 볼 때 제왕들은 건축 공사를 일으킬 때 민심의 향방에 매우 민감하였다. 태종의 이야기처럼 우임금은 백성들을 동원하였지만 민심이 원하던 것을 하였기 때문에 문제가 없었으나, 진시황은 민심이 원하지 않은 것을 하였기 때문에 질책과 비난을 받았다. 그래서 태종은 궁궐을 새로 건축하려는 재목 등이 갖추어져 있지만 민심을 고려하여 공사를 중지하였던 것이다.

이로부터 20여 년간 사회 풍속은 검소하고, 입는 것 또한 화려하지 않았으며, 물자가 풍부하여 굶주려 죽거나 추위에 떠는 폐단이 없었다고 한다. 오긍은 이러한 태종의 검약에 대한 솔선수범을 거론하여 후대의 황제들이 귀감을 삼도록 한 것이다.

오긍은 이어지는 편에서도 태종과 신하들의 일화를 통하여 이야기를 서술해 나간다. 먼저 「겸양」 편에서는 요임금과 순임금의 고사를 들어 겸허와 공손을 말하고, 공로가 있어도 겸손하여야 한다고 논하고 있다. 「인측」 편에서는 궁녀들에게도 배필이 필요하다며 후궁과 비빈의 궁녀 3000여 명을 내보내 음양의 조화를 이루게 한 이야기도 싣고 있다.

「신소호」 편에서는 임금이 자신이 좋아하는 것을 내색하지 않아야 통치가 제대로 이루어질 수 있다고 논하였다. 양무제 부자가 화려함을 숭상하고 불교와 도교만을 존중하였기에 백관들이 군사나 국정에 관심을 가지지 않았으며, 결국 후경(後景)에게 체포되어 핍박당하다가 죽었다는 이야기를 예로 삼고 있다.

심지어 양나라의 재상은 무기와 전쟁을 어린아이의 전쟁놀이처럼 간주하고, 관리들은 노장(老莊)의 담론을 나라의 중요한 정책으로 생각하였다니 나라가 망할 수밖에 없었다는 것이다. 종교적으로 불교와 도교를 숭상하면서도 정치는 유교적 정치이념에 의하여 현실적으로 통치하여야 한다는 것을 역설하고 있다.

불로장생술(不老長生術)에 대해서도 언급을 하였는데, 신선의 일은 허무맹랑한 것이라고 하면서 진시황의 고사를 인용하였다. 진시황이 불로장생의 약을 구하려고 바닷가에서 기다렸으나 끝내 구하지 못하고 다시 돌아오다 죽었다는 것이다. 또한 한무제가 신선을 구하고자 도술(道術)하는 사람에게 딸을 시집보냈다가, 뒤에 신선이 영험이 없는 것을 알고 도술하는 사람을 죽여버렸다는 이야기도 전한다. 결국 신선은 번거롭고 망령되어 구할 필요가 없다는 것이다.

오긍이 이러한 이야기를 남긴 것은 당시 당나라의 왕족과 귀족이 불로장생술에 심취하고 있는 세태에 따라 이를 교훈으로 삼으라는 의미로 보인다. 사실상 태종 역시 단약(丹藥)을 복용하여 결국 사망하였기 때문이다.

말을 삼가라는 「신언어」 편에서는 "하늘은 말하지 않는 것을 귀하게 여기고, 성인은 말하지 않은 것을 덕으로 삼는다"는 공자의 이야기와 "가장 뛰어난 말재주는 눌변과 같다"라는 노자의 이야기를 예로 들어 말을 번거롭게 해서는 안 된다고 논하고 있다. 유교는 통치이념으로서 역할을 하고, 도교는 개인의 수양과 양생을 중요시하므로 어느 하나에 치우치지 않는 것을 알 수 있다.

　이외 「사종」 편에서는 자신에게는 엄격하고 백성에게는 은혜를 베풀라고 하면서, 과거보다는 현재가 보기 어려운 법이라고 하였다. 특히 현재를 판단하기 어렵다는 이야기는 말만 가득한 '내로남불'의 시대를 살고 있는 우리가 다시금 실감하게 되는 대목이다.

08

국학 안에
공자의 사당을 세운 이유

처음으로 공자의 사당을 국학(國學) 안에 세워
이전의 제도를 본받아
공자를 선성(先聖)으로 삼아 …
공자를 존중하는 예의를 갖추었다.

– 「숭유학」편, 『정관정요』권7

당태종은 도교를 국교로 삼았지만, 통치에서는 유학을 정치이념으로 삼아 공자를 숭상하고 유학자들을 우대하였다. 즉위 이후 정전의 좌측에 전적(典籍)을 바로잡고 학생들을 가르치는 홍문관(弘文館)을 설치하였으며 천하의 문인과 유학자를 선발하여 그 본관(本官) 이외에 홍문관 학사를 겸하도록 하였다.

또한 집무를 보는 틈틈이 그들을 궁전 안으로 불러 고대의 경전에 관하여 토론하였고, 정치적인 일에 대해서도 협의하였으며, 때로는 밤이 깊어서야 멈추었다고 한다. 또 조서를 내려 공로가 있는 3품 이상의 어진 선비의 자손을 홍문관 학사로 삼도록 명하였다.

정관 2년, 태종은 주공을 선성(先聖)으로 삼아 존중하였던 관례를 중지하였다. 처음으로 공자의 사당을 국학(國學) 안에 세워 이전의 제도를 본받아 공자를 선성으로 삼아 존중하며, 안연을 선사(先師)로 삼도록 명하였다. 사당 양쪽에 조두(俎豆) 등의 예기를 마련하여 공자를 존중하는 예의를 갖추었다. 이 해에 유학자를 대대적으로 불러 비단을 하사하고 수레 등을 제공하여

장안으로 오도록 하였다. 품계의 서열을 뛰어넘는 관
직 발탁으로 조정에 늘어선 유학자가 매우 많았다.

- 「숭유학」편, 『정관정요』권7

태종은 주나라를 세운 주공을 성인으로 존중하였던 관
례를 중지하고, 공자를 성인으로 삼아 사당을 세우고 제
사 의례를 올리도록 하였다. 유학자들에게 교통의 편의와
숙식을 제공하면서 관직에 발탁하였으며, 학생들 가운데
『예기』와 『춘추좌씨전』중 한 가지 이상에서 정통한 사람
은 관직을 겸하도록 하였다.

국학의 시설을 증설하고, 국자학과 태학 및 사문(四門)
등의 학생 수를 증원하였으며, 서학(書學)과 산학(算學)에는
박사와 학생을 두고, 여러 학과도 설치하였다. 또한 여러
차례 국학을 순행하여 좨주(祭酒), 사업(司業), 박사(博士) 들
로 하여 학문을 강의하도록 하였으며, 강의가 끝난 후에는
각각 비단 다섯 필을 내렸다.

국학 안에는 강의를 청강하러 오는 사람이 거의 1만 명
에 이르러 유학의 발전이 이와 같은 적이 없었다고 한다.
유학을 진흥하여 정치이념으로 삼아 황제권을 강화하고,

학생들에게 유학을 교육하여 통치 질서를 확고히 하고자
한 의도라고 할 수 있다.

이뿐만 아니라 티베트, 고창국, 고구려, 신라 등 주변 제
국 왕족이나 귀족의 자제들도 유학을 와서 공부하였으며
관리로 임명되기도 하였다. 이것은 당나라 중심의 동아시
아 세계를 한자와 유학 등을 통하여 하나의 세계로 구축하
고자 하는 계기가 되었다.

이어지는「문사」편은 화려한 문장보다 이로운 글을 기
록하며, 사관은 있는 그대로 기록하여야 한다는 내용이다.
그런가 하면「예악」편에서는 가족 간의 위계질서에 대하
여 논하면서, 이것이 반듯하여야 나라의 기강이 확립된다
고 하였다. 더불어 혼례와 상례에 대해서도 다루고 있다.

「예악」편에서 특히 주목할 것은 유교를 중심으로 불교
와 도교를 융화하고자 한 상황을 엿볼 수 있다는 점이다.
정관 5년(631) 태종이 옆에서 모시던 신하들에게 이야기하
였다.

불교와 도교에서 교화를 실시하는 것은 원래 선행을
행하기 위한 것이오. 어찌 스님이나 도사가 망령되이

스스로 존대하여 자리에 앉아 부모의 배례를 받을 수
가 있겠는가? 이는 풍속을 해치고 예법을 어지럽히는
것이니 곧 금지시키고 부모에게 배례하도록 하오.

-「예악」편,『정관정요』권7

태종은 통치이념인 유교를 중심으로 불교와 도교를 융
화하고자 하였다. 승려나 도사에게도 부모가 최우선이라
고 강조하고 있는데 불교와 도교에서 교화를 실시하는 것
은 본래 선행을 하기 위한 것이므로 승려나 도사라도 부모
에게 배례를 하는 것이 예의라는 것이다.

불교와 도교를 믿는 것도 선행하기 위한 것으로 부모에
대한 효도가 가장 기본적인 덕목이라는 내용이다. 이것은
부모의 효도와 아울러 임금에 대한 충성을 은연중에 강조
한 것으로 승려나 도사도 임금에게 배례를 하여야 한다는
것을 역설하고자 한 것이다.

어느 한 종교만을 숭상하고 다른 종교를 억압하는 것이
아니라, 유·불·선 삼교를 융합하고자 하는 태종 대의 전통
이『정관정요』에 나타나 있는 것이다.

멈출 줄 안다면
위태롭지 않을 것이다

폐하께서는 원조(遠祖) 노자가 말한
'만족할 줄 알면 치욕을 당하지 않고,
멈출 줄 알면 위태롭지 않다'는 교훈을 지키시어
만대의 숭고한 명성을 지키십시오.

– 「정벌」편, 『정관정요』권9

정관 22년(648)에 당태종은 다시 고구려를 정벌하려고 하였다. 그러자 삼공(三公) 가운데 한 사람인 방현령은 노자의 『도덕경』의 내용을 인용한 표를 올려 이를 만류하였다. 자신의 병이 위독하였음에도 불구하고 나라와 황제를 위하여 나섰던 것이다. 이처럼 권9는 정벌의 시기에 대한 「정벌」편, 변방을 안정시키라는 「안변」 편으로 구성되어 있다.

> 폐하께서는 원조(遠祖) 노자가 말한 '만족할 줄 알면 치욕을 당하지 않고, 멈출 줄 알면 위태롭지 않다'는 교훈을 지키시어 만대의 숭고한 명성을 지키십시오. 땅을 개척하고 영토를 확장하였으면 멈출 줄 알아야 합니다. 고구려는 변방의 이민족으로 비천한 무리인지라 인의로 대해서는 안 되고, 떳떳한 도리로 꾸짖어도 안 됩니다. 예전부터 그들을 물고기나 자라처럼 길러왔으므로 넓은 마음으로 대하여야 합니다. 저들 종족을 멸종시키려 하다가 자칫 짐승이 막다른 골목에 몰렸을 때 반격하는 것과 같은 일이 일어날까 두렵습니다.
>
> ─ 「정벌」 편, 『정관정요』 권9

여러 번에 걸쳐 고구려 정벌을 시도하였으나 성공하지 못하였으므로 무력이 아닌 덕으로 평정하는 것이 좋겠다는 의견이다. 그러나 태종은 방현령의 우국충정은 칭찬하면서도 결국 친히 정벌에 나섰다가 패배하고 치욕을 당하고 말았다. 말로는 창업과 수성의 자세를 겸하려고 하였지만 나중에는 교만하게 되어 실제로는 지키지 못하였던 것이다.

노자의 사상은 무위자연으로 복귀하는 것을 궁극적인 목적으로 하여 무욕(無欲)을 추구하지만, 유교는 현실적인 목적으로 유욕(有欲)에 근거를 두고 있다. 태종은 방현령이 주장한 노자의 가르침을 따르지 않고, 현실적인 유교의 정치이념에 근거하였고, 결국 고구려 정벌을 도모하다가 실패하였다.

한편 후궁인 서씨(徐氏) 또한 몇 년간 부역과 전쟁이 동시에 진행된 것을 비판하며, 곤궁한 백성을 불쌍히 여겨 출정의 고통을 줄이고 궁궐 건축을 연기할 것을 건의하였다. 이에 태종은 그녀의 말을 매우 칭찬하고 특별히 후한 상을 주었다고 한다. 유교적 위민 정치에 의한 것으로 볼 수 있다.

동아시아
정치 철학의 확립

수양제는 궁궐을 크게 건축하고,
순행을 지나치게 많이 하였소. …
말년에 이르러서는 한 자의 토지도, 한 명의 사람도
더 이상 양제의 소유가 되지 않아 멸망하였소.

– 「행행」편, 『정관정요』 권10

요순시대에도 하늘이 내린 재앙과 사람이 만든 재앙은 있었다. 그러나 그들은 처음과 끝이 한결같았기 때문에 숭고한 덕행을 칭송하고 백성들이 따랐다고 한다. 그들은 재앙을 만나면 매우 걱정하고 정사에 부지런하였으며, 세월이 안정되어도 교만하거나 방종하지 않았다고 한다.

『정관정요』는 그에 따라 신하의 간언을 받아들여 실천하고 절제하여, 끝까지 미덕을 지키라는 내용으로 마무리된다. 정관 원년(627), 당태종이 주위에서 모시는 신하들에게 말하였다.

> 수양제는 궁궐을 크게 건축하고, 순행을 지나치게 많이 하였소. 장안에서 낙양에 이르는 도로에는 이궁이나 별궁이 서로 이어졌고 병주에서 탁군까지의 도로도 모두 마찬가지였소. 수레가 다니는 길은 모두 수백 보까지 넓혔고, 나무를 심어 길 주변을 단장하였소. 사람들의 인력이 견디지 못하여 서로 모여 도적이 되었소. 말년에 이르러서는 한 자의 토지도, 한 명의 사람도 더 이상 양제의 소유가 되지 않아 멸망하였소.
>
> — 「행행」편,『정관정요』권10

태종은 수양제가 화려한 궁궐을 신축하고 대규모의 운하를 건설한 것을 비판하고 있다. 백성들의 재력과 인력을 낭비하여 도적이 되게 하였고 반란이 발생하여 결국 수양제가 죽게 되었으니, 대규모의 토목공사는 별로 이득될 것이 없다는 이야기이다. 자신은 이러한 사례를 반면교사로 삼아 경솔하게 백성들의 힘을 사용하지 않고 백성들을 안정시켜 공연한 인력을 낭비하지 않았다는 것이다.

10년 뒤에 태종은 낙양으로 순행하여 적취지(積翠池)에서 배를 타고 놀며 곁에 모시는 신하들에게 말하였다. 수양제가 건설한 궁궐과 정원은 수나라의 멸망으로 모두 자기의 소유가 되었는데, 원인은 수양제뿐만 아니라 신하들이 교묘한 말로 충성스럽고 선량한 일을 해치고 제왕의 귀와 눈을 가렸기 때문이라는 것이다. 이에 장손무기(長孫無忌)는 "수나라의 멸망은 임금이 충성스럽고 정직한 언론을 막고, 신하 또한 자신의 이익만을 보존하려 하였기 때문에 일어난 것으로 임금과 신하가 서로 도와 잘못을 바로잡지 않은 결과"라고 대답하였다.

이어서 태종은 순행을 신중하게 하여야 한다는 것 또한 역설하고 있다. 본래 순행이란 임금이 지방을 순시하여 영토 확인이나 민심 수습을 하려는 목적인데, 그 과정에서 많은 신하와 수행원을 동반한 결과 지방사회에 폐해를 끼치는 경우가 많았기 때문이다.

「전렵」편은 태종이 사냥을 지나치게 좋아하자 비서감(祕書監)인 우세남(虞世南)이 상소를 올려 간언한 내용으로, 간언에는 절차탁마(切磋琢磨)가 필요하다는 내용과 맹수와 싸우는 것은 임금의 일이 아니라는 이야기가 담겨 있다.

사실 전렵은 단순히 임금의 개인적인 사냥에 그치지 않고, 많은 장수들과 병사들이 동원되므로 일종의 합동 훈련이라고 할 수 있다. 그러나 대규모 인력 동원으로 재정적으로 낭비가 일어날 수 있고, 대외적으로 노출되므로 임금의 안위가 위협받는 암살의 위험도 있다. 따라서 이를 경계하도록 건의한 것이다.

이어지는 「재상」편에서는 임금은 길흉에 따라서 백성을 다스리는 것이 아니라 구휼(救恤)과 덕행을 시행해야만 재앙과 변이가 사라질 것이라는 내용을 싣고 있다.

마지막으로 「신종」편은 위징이 태종에게 올린 상소의 내용으로 시종일관 신중하게 추진하라는 주제를 담고 있다. 사치와 낭비를 좋아하면서 신하와 백성에게 소박하기를 바라고 있으니 근본에 충실하여야 하며, 근래 교만하고 방종하여 간언을 들어도 듣지 않으려 하는 것을 경계하여 야 하며, 백성을 고달프게 하고 사욕을 부려서는 안 된다는 이야기 등을 싣고 있다.

'정관의 치'로서 중국 역사상 최대의 업적을 이루고 태 평성대를 이루었던 태종도 말년에는 해이하게 되어 신하 들의 간언을 잘 받아들이지 않았다. 신하들의 간언을 무시 하고 고구려를 정벌하려다 실패하고, 후계자를 잘못 선정 하였다.

뒤를 이은 고종은 아버지의 후궁이었던 측천무후에 휘 둘리면서 왕조가 단절되는 사태를 초래하였다. 측천무후 의 학정을 경험하였던 오긍은 『정관정요』에서 태종의 선 정에 대하여 칭송하면서도 처음과 같이 끝을 마무리하지 못한 부분을 이야기하고 있다. 후대 임금들에게 경각심을 가지도록 한 것이다.

『정관정요』는 태종이 신하들과 정치의 요체에 대하여 나눈 문답을 정리한 것이지만, 그들 이야기의 전거는 선진 시대부터 당대까지 왕조의 창업과 수성에 대한 역사적 사 실에 기반하고 있다. 따라서 주로 정치적인 이야기를 논하지만 한대부터 당대까지의 종교와 사상에 대한 흐름을 엿볼 수가 있는 것이다.

유학을 통치의 이념으로 삼았던 한나라와 달리, 남북조시대 이후에는 도교가 융성하고 불교가 발전하였다. 그리고 이러한 사상적 충돌은 결국 태종 대에 이르러 삼교의 융합을 통하여 조화를 이루었다. 모두 『정관정요』에서 확인할 수 있는 사실이다.

이후 통치이념으로 기능한 유교는 사회윤리의 규범이 되었으며, 외래종교인 불교는 내세를 위한 신앙으로 숭상되었고, 도교는 일상의 삶에서 재앙을 쫓고 복을 부르는 기능을 하였다. 이처럼 삼교가 서로 충돌하지 않고 하나로 융화되어 간 것이다.

그리고 이와 같은 전통은 이후 한국과 일본의 사상과 종교에도 영향을 미치게 되었다. 『정관정요』가 중국뿐만 아니라 통일신라와 발해, 그리고 일본에까지 제왕학의 전범으로 전해진 결과였다.

PART 2

최치원
『계원필경』『사산비명』

융화의 정신으로
신라 중흥을 꿈꾸다

최치원 857~미상

유교와 불교, 도교의 융합을 이끈 통일신라 말기의 학자.

경문왕 8년(868) 당나라에 유학을 가서 7년 만에 외국인을 위한 과거인 빈공진사(賓貢進士)에 급제한 그는 헌강왕 2년(876) 율수현위(溧水縣尉)가 되었다가 회남절도사 고변의 종사관을 4년간 지냈다. 당시 황소의 난이 일어나자 「토황소격문」을 지어 문명을 떨치게 되었다.

동왕 11년(885) 29세에 귀국하여 당나라에 있을 때 지은 공문서와 시문을 모아 이듬해 『계원필경』을 진상하였으며, 왕명으로 「대숭복사비문」과 선사들의 비문 등 『사산비명』을 지었다. 지방관을 전전하다가 진성여왕 8년(894) 개혁안인 시무10여조를 왕에게 올려 6두품 최고직인 아찬(阿飡)이 되었으나, 진골귀족들의 반대로 자기 뜻을 이루지 못하고 은둔하다가 세상을 떠났다.

『계원필경』을 통하여 오늘날까지 한국문학의 시조로 추앙받고 있으며, 그가 남긴 『사산비명』에서는 통일신라시대의 불교와 유교 및 도교의 회통을 발견할 수 있다.

유·불·선을 융합한
풍류도 정신의 부활

나라에 현묘(玄妙)한 도(道)가 있는데
이를 '풍류(風流)'라고 하며,
그 가르침을 개설한 근본은
선사(仙史)에 상세히 갖추어져 있으며,
실은 삼교(三敎)를 포함하고,
군생(群生)들과 접하여 교화(敎化)를 한다.

– 「난랑비서」

삼국시대에 전래 수용된 유교와 불교 및 도교는 삼국의 통일 이후 통일신라에서 사상적으로 각기 더욱 발전하였다. 처음 유교는 기원 전후한 시기에 낙랑군(樂浪郡)을 통하여 전해졌는데 고구려와 백제는 4세기, 신라는 5세기경에 수용하였다. 〈임신서기석(壬申誓記石)〉에는 6세기 신라의 청년들이 유교 경전을 공부할 것을 맹세하는 내용이 나타나 있다.

불교 또한 고구려와 백제에는 4세기 말, 신라는 5세기 말에 이르러 전래 수용되었다. 그러나 순조롭게 공인되었던 고구려와 백제와 달리, 신라는 6세기 초에 이차돈의 순교를 통하여 공인이 이루어졌다.

한편 백제의 〈산경문전(山景文塼)〉을 보면 도교가 6~7세기경 수용된 것을 알 수 있으며, 고구려의 경우는 을지문덕 장군이 우중문(于仲文)에게 보낸 시에서 노자의 『도덕경』을 인용한 것으로 보아, 7세기 전반에는 본격적으로 받아들였다고 할 수 있다.

신라의 경우에는 7세기 중엽 통일전쟁 직후에 조성한 월지(月池)를 비롯한 궁원지를 통하여 도교적인 무위자연 사상을 엿볼 수 있다. 왕경의 북쪽에 북원궁(北園宮), 남쪽에 남도원궁(南桃園宮), 동쪽에 청연궁(青淵宮)을 조영하여 가산(假山)을 조성하고 도교적인 의례를 지내기도 하였다.

9세기에 이르기까지, 유교와 불교 및 도교는 각각 활발히 발전하였다. 귀족의 자제들이 당나라에 유학을 가서 유교 경전을 배우고 외국인 대상의 시험인 빈공과(賓貢科)에 합격하기도 하였으며, 신라에는 유학의 경전을 시험 보는 국학이 설치되기도 하였다.

또한 수많은 승려들이 당나라에서 불법을 배우고, 인도에서 불경을 가져와 교종과 선종이 각기 발전하였다. 나아가 『삼국유사』에는 혜공왕과 경문왕이 도교와 깊게 관련되어 있었다는 것이 나타나며, 「피은」 편에서는 『도덕경』이 전해진 후 '무위자연'을 실천하는 은둔자들도 볼 수 있다.

이후 9세기에 접어들자, 각기 발전을 이루고 있었던 유교와 불교 및 도교가 서로 대립하지 않고 하나로 융합하려는 시도가 이루어졌다. 당시의 최치원은 「난랑비서」를 통하여 토착신앙을 기반으로 외래종교인 유교와 불교 및 도교를 하나로 아우르려는 이상을 가지고 있었던 것 같다.

지방 호족이 대두하고 농민반란이 일어났을 때 최치원은 화랑과 국선(國仙)이 이끌어왔던 신라의 중흥을 꿈꾸었다. 그리고 지도이념인 '풍류도(風流道)'의 부활을 바라는 마음을 담아 대중들을 교화하는 염원을 표현하였다.

최치원은 당나라에서 공직생활을 하며 작성한 문서와 시문을 모아서 귀국 후 『계원필경(桂苑筆耕)』을 편찬하고 왕명으로 선사들의 탑비문(塔碑文)인 『사산비명(四山碑銘)』 등을 지었는데, 이들에 유·불·선 삼교 합일 사상이 잘 나타나 있다. 그중에서도 유교와 불교 및 도교에 대한 인식이 가장 잘 나타나 있는 것이 「난랑비서」이다.

> 나라에 현묘(玄妙)한 도(道)가 있는데 이를 '풍류(風流)'
> 라고 하며, 그 가르침을 개설한 근본은 선사(仙史)에 상
> 세히 갖추어져 있으며, 실은 삼교(三敎)를 포함하고, 군생
> (群生)들과 접하여 교화(敎化)를 한다. 또한 집에 들어와
> 서는 효도를 하고, 집 밖에 나가서는 나라에 충성을 하는
> 것은 노나라 사구[공자]의 뜻이요, 무위(無爲)의 일에 처
> 하고 말하지 않는 것의 가르침은 주나라 주사[노자]의 종
> 지이며, 어떤 악업(惡業)도 짓지 않는 것과 여러 선행을
> 받드는 것은 축건태자(竺乾太子)[석가모니불]의 교화이다.
>   – 「난랑비서」

최치원이 글을 지은 신라의 화랑 '난랑(鸞郞)'의 비석은 지금은 남아 있지 않다. 김부식이 지은 『삼국사기』 진흥왕조 화랑 관련 자료와 함께 그 비문의 일부만이 수록되어 있다.

그러나 여기에 남겨진 비문의 서문만으로도 풍류도에 대한 귀중한 내용을 확인할 수 있다. 깊고 미묘한 도리라는 뜻의 화랑의 지도이념, 현묘지도(玄妙之道)가 그것이다. 신라에는 '풍류'라는 현묘한 도가 있으며, 그에 대한 상세한 내용은 바로 '선사'에 갖추어져 있다는 것이다.

선사란 화랑들의 역사를 기록한 『화랑세기』를 이른다. 화랑세기를 지은 김대문은 "현명한 재상과 충신이 화랑으로부터 나왔으며, 훌륭한 장군과 용감한 군인이 이로부터 말미암았다"라고 하였다. 화랑도는 화랑과 낭도(郞徒)로 이루어지며 그중에서 가장 우수한 화랑을 국선이라고 하였는데, 김유신 장군도 국선을 역임한 바가 있다.

그리고 이러한 화랑과 국선이 수련하면서 항상 염두에 두는 이념이 '풍류도'인 것이다. 풍류도에는 유교와 불교 및 도교의 가르침이 포함되어 있으며, 이를 통하여 중생들과 소통하여 교화하고자 하였다. 본래 우리나라의 토착신앙은 천신(天神)과 산신(山神)을 숭배하는 것이지만, 중국에서 들어온 유교와 도교, 그리고 인도에서 비롯하여 중국을 통하여 들어온 불교가 융합된 것이다.

결국 토착신앙인 자연숭배 신앙에 유교적 가치인 충효 사상, 노자의 무위자연사상, 불교의 이상인 집착과 구애를 받지 않는 자비와 선행까지 모두를 아울러 함께 실천한다는 의미이다.

02

당나라에 널리 퍼진
최치원의 문명

우레가 울려 닫혀 있던 문이 열리고,
바람이 요사한 기운을 모두 씻어버리게 해주소서.

– 「상원황록재사」, 『계원필경』 권15

당 희종 2년(875) 당나라의 국운이 흔들리는 사건이 일어났으니, 전국에 걸쳐 일어난 대규모의 농민반란 황소(黃巢)의 난이었다. 당시에 회남절도사(淮南節度使) 고변(高騈)의 종사관이었던 최치원은 황소에게 「격황소서」, 일명 「토황소격문」을 보내 다음과 같이 경고하였다.

너와 같은 평민 출신이 밭이나 갈다가 일어나 불사르고 위협하는 것을 좋은 계책으로 알고 죽이고 해하는 것을 급선무로 하고 있구나. 이루 헤아릴 수 없을 만큼 큰 죄만 있고 속죄할 수 있는 작은 선행조차 없으니 천하의 사람들 모두가 너를 죽일 생각을 할 뿐만 아니라 땅속의 귀신들도 이미 몰래 죽이기로 의논하였을 것이다. 설령 기운이 일시적으로 넉넉하여 목숨이 붙어 있다 하더라도 조만간 넋을 잃고 혼을 빼앗길 것이다.
― 「격황소서」, 『계원필경』 권11

천하의 모든 사람뿐만 아니라 하늘의 천신과 땅의 지신(地神)도 황소를 가만두지 않을 것이라는 최치원의 경고에 이를 본 황소는 그만 책상에서 떨어졌다고 전해진다. 이 이야기가 퍼지면서 글을 쓴 그의 문명(文名)도 당나라에 널리 퍼졌다. 하늘과 땅의 신이 가만두지 않을 것이라는 말에서 알 수 있듯, 당시 도교는 민간신앙으로 사회에 깊숙이 스며들어 있었다.

당나라 때에는 황제가 개인적으로 불로장생을 원하였을 뿐만 아니라 정치적인 이유로 도교를 숭상하였다. 노자와 같은 '이(李)' 씨 성(姓)을 가진 당대의 황실은 통치의 합법성을 공고히 하기 위하여 자신들을 노자의 후예라고 칭하며 도교를 받들었다.

이러한 영향으로 최치원은 당시 재사(齋辭)를 많이 남겼다. 재사는 불교나 도교의 제사에 쓰이는 제문으로 대부분의 재사가 도교의 재초(齋醮) 의식과 관련되어 있다. 그가 당나라에 있을 때 지은 공문서와 시문을 모은 『계원필경』의 권15는 주로 재사로 이루어져 있다.

> 지금 절기는 이미 상원(上元)에 이르렀는데, 재앙은 하계에서 아직 사라지지 않았습니다. 삼가 초재(醮齋)를 올리며 우러러 조그마한 정성을 바칩니다. 악한 무리의 소굴을 뒤엎어 버리고, 임금의 수레가 돌아오시어,

황제의 자리가 삼태(三台)와 더불어 길이 빛나고, 왕기
가 구목(九牧)과 함께 모두 평안하기를 소원합니다. 우
레가 울려 닫혀 있던 문이 열리고, 바람이 요사한 기운
을 모두 씻어버리게 해주소서.

- 「상원황록재사」, 『계원필경』권15

이 재사는 황소의 난으로 당 왕조의 황실이 위태로울 때,
재앙을 극복하고 백성들이 편안하게 살 수 있도록 기원하
는 내용으로 이루어져 있다. 이처럼 재사는 도교 제사 의식
때 제문으로 사용되었다. 도교 제사는 1년에 세 번, 천신과
지기(地祇) 및 인귀(人鬼)를 널리 불러 모아 죄를 참회하고
복을 기원하는 의식으로, 이때 도사가 기도하면서 사용하
는 부록이 황색이기 때문에 이 글을 '황록재'라고 한다.

최치원은 노자의 『도덕경』 중에서 "최상의 덕은 덕을 과
시하지 않는 것이므로 덕이 있고, 최하의 덕은 덕에 얽매이
기 때문에 덕이 없는 것이다" 등을 인용하거나, 사마천의
『사기』 등에서 영웅호걸의 일화를 소재로 삼았다. 이를 바
탕으로 황소의 난을 빨리 극복하고 난국을 헤쳐나가고자
하니, 도교의 여러 신들이 도와주기를 바란다는 내용을 재

사에 담았다.

최치원의 이러한 종교 인식에는 고변 막하(幕下) 시기의 활동이 큰 영향을 미쳤을 것으로 생각할 수 있다. 고변은 도교에 심취하여 신성스러운 방술을 부리는 방술사 여용지(呂用之)를 막하로 들여 군직을 내렸고, 그의 관저에 도교 사원을 따로 세우기도 하였다.

권15에 도교 제사의 재사가 10여 수나 실려 있는 것은 도교에 대한 고변의 관심을 보여주는 것이라 할 수 있다. 그러나 최치원이 훗날 고변의 막하에서 떠나게 되는 이유도 고변이 너무 도교에 심취하였기 때문이다.

당시 도교는 개인적 신앙 면에서는 조정의 지지를 받았으나, 사회적 영향력에서는 불교만 못하였다. 민간신앙의 차원에서는 아직 종교적인 사상 체계를 갖추지 못하였던 것이다. 당대의 도교 사원인 도관(道觀)도 신선과 수많은 종파를 통하여 일반 대중들에게 접근하였지만, 종교적인 조직을 갖추지는 못하였다.

당대 중엽까지 도교의 발전은 기본적으로 남북조 후기 상황의 연속이었다. 다만 이 시기 도교에서 연단술(鍊丹術)이 매우 발달하였다는 점은 주목하여야 한다. 통치계층과 지식인 사이에서 불로장생을 꿈꾸는 풍조가 유행함에 따라 연단술에 관한 연구가 깊이 있게 이루어졌다.

그러나 도사들이 불로장생을 추구하기 위하여 즐겨 먹었던 단약에는 독성이 강한 물질이 들어 있어서 죽음에 이르는 경우가 적지 않았다. 당나라 스무 명의 황제 가운데 태종, 고종, 헌종, 경종, 선종 등이 단약을 복용한 것으로 보아 이들의 죽음은 이와 관련성이 있다. 황제뿐만 아니라 대신들도 단약을 복용하였고, 결국에는 민간에까지 유행하게 되었다.

단약 복용 풍조는 당대 이후 100여 년이 지나서야 사그라들었고, 신선사상에도 변화가 나타나 외단(外丹)에서 복식호흡을 활용한 내단(內丹)으로 변화하게 되었다.

비호와 배척을 오가던
불교의 토착화

아무 벼슬에 있는 아무개는
삼가 승려 아무개를 청하여
법운사 천왕원(天王院)에서 재를 베풀고,
삼가 사리불과 대자대비하신 관음보살께 아룁니다.

– 「천왕원재사」, 『계원필경』 권15

남북조 왕조에서 군주의 비호를 받기도 하고, 배척당하기도 하는 등의 상황 속에서도, 불교의 사상과 신앙은 중국 사회에 깊숙이 파고들었다. 이는 불교 수용 초기, 경전을 번역할 때 사상이나 교리를 노장사상이나 유교사상의 개념에서 차용하였던 영향으로 보인다. 이에 따라 불교는 중국으로 들어오면서 전통문화의 영향을 통하여 서서히 토착화되었고, 불교 또한 중국문화에 깊은 영향을 미치며 발전하였다.

『계원필경』권15에는 도교의 도관에서 제사를 지낸 재사뿐만 아니라 불교의 사원에서 재(齋)를 지낼 때 작성한 재사도 남아 있다.

당 중화 2년(882) 태세 임인년 정월 보름에 아무 벼슬에 있는 아무개는 삼가 승려 아무개를 청하여 법운사 천왕원(天王院)에서 재를 베풀고, 삼가 사리불과 대자대비하신 관음보살께 아룁니다. … 저는 손에 병부를 쥐고 마음에 장수의 도략(韜略)을 품고서 마른 장작을 태우듯 힘을 발휘하여 물에 빠진 이를 건지는 공을 이루고자 합니다. 그러므로 우러러 삼보(三寶)에 귀의할 것을 바라고, 십선(十善)을 부지런히 행하며, 호념(護念)에 깊게 기대어 감히 맞아주실 것을 청하옵니다.

－「천왕원재사」, 『계원필경』 권15

당 중화 2년(882) 정월 보름에 고변이 강소성 양주 법운사의 천왕원에서 재를 베풀고, 종사관인 최치원이 회남절도사 고변을 대신하여 사리불과 관세음보살께 올린 재사이다.

황소의 난으로 어지러운 세상을 바로잡을 수 있도록 노력할 테니 부처님께서 원력을 발휘하여 이들을 물리칠 수 있도록 도와달라는 내용을 담았으며, 부처님의 수제자인 사리불과 중생의 구제를 담당하는 관세음보살께 기원하고 있다. 도교에 심취하였던 고변 역시 부처님께 귀의하겠다고 다짐하며, 이어지는 내용에서 부처를 의왕(醫王)이라고 표현하였다.

여기에서 고변은 도교 신자이면서도 불교 신자가 되고자 하는 것을 자연스럽게 드러내고 있다. 부처님의 원력으로 황소의 난을 평정하겠다는 현세 구복적인 모습이 엿보인다. 이를 통하여 불교를 믿게 되는 것이 자력 신앙이 아니라 타력 신앙이라는 것을 알 수 있다.

당대는 마니교, 경교, 이슬람교인 회교 등과 같이 외국의 종교들이 많이 들어와 종교의 다양성을 가져왔으나, 불교 만큼 발전하고 성행하지는 못하였다. 반면 당시 불교는 여러 지방으로 전해져 오랜 시간 발전하면서 그 내용도 점차 복잡해졌다.

당태종 대에는 현장(玄奘)이 인도에 가서 불경을 가져온 이후 불경 번역 작업이 활발히 이루어졌다. 그 뒤로 당 왕조의 고종, 측천무후, 중종 등이 불교를 신봉하자 왕족들과 귀족들도 따라서 불교에 귀의하였다. 경전의 수가 증가한 것은 물론이고, 다양한 종류의 신앙 활동과 수행 방식이 나타났다.

특히 측천무후는 자신의 황제 등극을 불교적 정통성으로 정당화하기 위하여 『대운경(大雲經)』을 대대적으로 유포시켰다. 이 책은 미륵보살이 여성 군주로 환생하여 전 세계를 질병과 재앙으로부터 구원한다는 예언서이다.

당나라에서 불교는 몇 차례의 변화를 겪으며 활발히 발전하였다. 특히 불교 경전을 중요시하던 교종에서 참선을 중요시하는 선종이 발전하였는데, 8세기 이후에는 선종교파 내에 중대한 변화가 일어났다. 선종 교파의 남종과 북종의 다툼이 시작된 것이다.

신수(神秀)와 그의 제자들을 중심으로 구성된 북종에서는 선종의 전통적인 교법을 따라 선좌수심(禪坐修心)을 중시하였다. 한편 새로 일어난 남종은 혜능(惠能)이 중심이 되어 실제 생활에서의 깨달음이 '선(禪)'이라고 주장하였다.

그러나 불교 신앙의 지나친 성행으로 많은 문제점이 발생하자 사대부들의 반감이 나타났고, 심지어는 척불론까지 나오게 되었다. 불교에 대한 적대감은 불교계의 경제 낭비로 인한 조정의 재정난에서 비롯되었다. 결국 불교는 중국 사회에서 기존의 세력에 도전하는 새로운 권력으로 비치기 시작하였다.

그러나 도교가 황실의 비호로 성행하였음에도 도관의 수는 사원의 3분의 1에 불과하였다. 절은 변두리 마을이나 산속에서도 흔히 발견되었으며 불교 신앙은 점차 기층사회에 깊숙이 뿌리를 내렸다.

위기를 느낀 당 왕조는 회창 5년(845)에 대규모의 박해를 일으켰는데, 이른바 '회창폐불(會昌廢佛)'이라고 한다. 이 시기에는 4600개가 넘는 절들이 파괴되거나 도관으로 전용되었으며, 26만여 명의 승려들과 비구니들이 환속되었고, 사원에 소속되었던 노비들이 해방되었으며, 사원에 속하였던 사원전이 몰수되었다.

당시 분위기에서 회남절도사인 고변이 불교에 귀의하겠다고 한 것은 도교든지 불교든지 유교든지 황소의 난을 진압하고 세상을 평안하게 하는 종교는 무엇이든 믿고 귀의하겠다는 의지를 보여주는 것이다.

유·불·선의 가르침은
하나로 통한다

종교는 셋으로 나뉘고, 불교는 그중 하나입니다.
그 묘한 뜻은 가만히 신묘한 조화를 도와주고,
그 뜻깊은 말은 널리 중생들을 깨우치며,
선을 권하는 문을 활짝 열고,
혼미함에 집착하는 그물을 풀어헤칩니다.

‒ 「구화수대운사소」, 『계원필경』 권16

최치원은 고변의 대리로 사찰의 중수(重修)를 위하여 보시를 청하는 재사를 남기기도 하였다. 「구화수대운사소」는 양주에 있는 대운사(大雲寺)의 중수를 위하여 보시를 청하는 모연문(募緣文)을 작성한 것이다.

재사에서 최치원은 불교의 자비와 공자의 인의를 모두 강조하고 있다. 이 재사를 통하여 그의 의식에 유교와 불교가 융화되어 있는 모습을 볼 수 있다.

> 대운사에서는 중수에 필요한 기와, 목재 등의 공사 자금 등을 제공하여, 보시의 인연을 맺을 분들을 구합니다. 상고하건대 종교는 셋으로 나뉘고, 불교는 그중 하나입니다. 그 묘한 뜻은 가만히 신묘한 조화를 도와주고, 그 뜻깊은 말은 널리 중생들을 깨우치며, 선을 권하는 문을 활짝 열고, 혼미함에 집착하는 그물을 풀어 헤칩니다. 그러므로 중생의 마음을 공경함에 귀의하게 하려면, 불상과 장엄구를 설치하여야 하는 것이요, 그리하면 반드시 감통이 있어, 구하면 응하지 않음이 없을 것입니다.
> ─「구화수대운사소」, 『계원필경』 권16

대운사는 중국 양주성의 서쪽에 있는 사원으로, 동쪽에 있는 선지사(禪智寺)와 대칭적으로 위치하고 있다. 이 모연문에서 최치원은, 종교는 셋으로 나뉘는데 그중 하나가 불교라고 하고, 불교의 오묘한 뜻은 조화를 도와주고, 중생을 널리 깨우치며, 권선을 하고, 집착을 벗어나게 한다는 불교의 장점을 열거하고 있다. 나아가 불상과 장엄구를 설치하여 신비스러운 감응을 느끼고, 부처를 공양하여 복덕을 거둘 수 있다고 서술하고 있다.

이어지는 내용에서는 옛 고사를 들어 수양제가 양주에 세운 강도궁(江都宮)을 끼고, 회남왕(淮南王)의 선택(仙宅)을 끼고 있으니 이 장엄한 낙토는 복전(福田)이 될 것이라고 하였다. 대운사는 화재로 잿더미가 되었으나 고변이 이 지역을 안정시키기 위하여 사찰의 복원을 허락하여 분향하고, 불보살의 음성을 지속하도록 지원하기로 하였다는 것이다.

여기에서 고변이 대운사의 복원에 깊이 간여하고 있다는 사실과 최치원이 고변을 대신하여 나서서 사찰의 복원에 모금사업을 독려하고 있는 것을 볼 수 있다. 고변이 복원사업을 최치원에게 맡겼다는 것은 비록 최치원이 유학자이지만 이미 당나라에 있던 시절 불교에 대한 이해와 믿음을 가지고 있었기 때문일 것이다.

　　다음으로 원하는 것은 태위께서 세상을 깨끗이 청소하고, 조정 높은 곳에 앉아, 가섭(迦葉)의 참된 종지를 펼쳐 용(龍)과 덕(德)을 견주고, 유동(儒童)[공자]의 선한 가르침을 행하여 기린이 때를 잃지 않고 나오게 하는 것입니다. 그리고 상고의 기풍을 잘 일으키고 길이 대동(大同)의 교화를 이루어서, 무릇 인간으로부터 물에 사는 물고기와 나는 새들 모두 자비에 힘입어 해탈(解脫)하게 하는 것입니다.
　　　　　　　　　　－「구화수대운사소」,『계원필경』권16

　　부처님의 제자 가섭의 염화시중(拈華示衆)의 종지를 펼치고, 공자의 선한 가르침을 같이 행하기를 바라는 것이다. 더구나 유교의 사회적 가치인 대동사회의 교화를 이루고, 불교의 가장 중요한 가치인 자비행과 해탈을 함께 염원하고 있다.

05

토착신앙을 아우른
다원주의 의식

노자의 … 옥 잎사귀와 금빛 가지 같은 자손들은
아름다운 그늘을 만대토록 드리우고,
옥함(玉函)과 구슬 상자 속의 『도덕경』은
사방에 현묘한 뜻을 전합니다.

− 「구화수제도관소」, 『계원필경』 권16

당시 유교와 불교 및 도교가 공존하고 있었던 시대 상황은 최치원의 다른 글에서도 살펴볼 수 있다. 앞에서 살펴본 불교 사찰 중수를 위한 보시뿐 아니라, 도교의 도관을 중수하기 위하여 보시를 청하는 재사도 많이 남겼다.

> 자극궁(紫極宮)에서는 성내의 여러 궁관(宮觀)을 중수하기 위하여 기와, 목재 등의 공사 자금을 보시하여 주시기를 요청합니다. 삼가 생각건대 노자가 고현(苦縣)에서 탄생하여 중국에서 도(道)를 펼쳤습니다. 노자의 진성(眞性)은 곧 성조(聖朝)의 조상이라 할 수 있고, 구태여 이름을 붙여 지극한 도의 종주라고 일컫습니다. 옥 잎사귀와 금빛 가지 같은 자손들은 아름다운 그늘을 만대토록 드리우고, 옥함(玉函)과 구슬 상자 속의 『도덕경』은 사방에 현묘한 뜻을 전합니다.
>
> ―「구화수제도관소」, 『계원필경』 권16

자극궁은 당나라의 여러 주에 설치되었던 노자의 사당을 이르는데 회주 지역의 도관을 관할하는 도관으로, 이 재사는 관내 여러 도관의 중수를 위하여 기와, 목재 등의 공사 대금을 보시하고자 요청하는 모연문이다. 대운사의 경우와 달리 고변이 모금의 주체가 아니라 최치원이 모금의 주체가 되어 모연문을 작성한 것이다.

사찰의 중수와 함께 도관의 중수를 회남절도사 고변이 아닌 최치원이 대신하여 주체로 나서고 있는 것이 흥미롭다. 아마 대중들에게 보시를 청하는 모금사업에 공직자인 회남절도사가 직접 나서기 어려웠기 때문으로 보인다. 그렇다고 신라 출신의 최치원이 모금의 주체로 직접 나섰다는 점도 매우 의외이기는 하다. 이유가 무엇이든 최치원이 도교에 대한 지식과 믿음을 가지고 있었기 때문에 가능하였을 것이다.

최치원은 재사에서 먼저 노자의 이름이 이이(李珥)이며, 황실의 성이 '이' 씨라는 것과 노자가 '도'를 펼쳤다는 것을 강조하고 있다. 노자가 당 왕조의 황실과 같은 성씨라는 것을 강조하고 도교 제사를 통하여 자손들이 편안하게 살 수 있다는 점을 서술하고 있는 것이다.

아울러 황소의 난이 일어났지만 이 지역은 고변이 잘 방어함으로써 극복을 하였으며, 1년에 세 번 지내는 도교의 상원(上元), 중원(中元), 하원(下元)의 초재가 준수되어 이와

같이 편안을 되찾을 수 있었다는 주장도 실려 있다. 따라서
궁관을 짓는 데 뛰어난 공장(工匠)들을 모아 옛터를 중수하
고 도교와 관련된 신도들이 다시 모여 이러한 재난을 극복
할 수 있을 것이라 하였다.

> 다만 중수하여야 할 궁관이 황량하게 무너진 것이 이
> 미 오래되어 경비가 많이 듭니다. 홀로 그 비용과 양식
> 을 마련할 길이 없으므로, 오직 대중이 공덕을 이루어
> 주기를 우러러 바랄뿐 입니다. 가담(迦譚)[불교]에서는
> 희사하기 어려운 것을 능히 희사하니, 기꺼이 보시함
> 을 알 수 있습니다. 도교에서는 '저절로 그렇게 된다'
> 고 하였으니, 경솔하게 승낙하는 일이 없기를 바랍니
> 다. 삼가 소를 올립니다.
>
> 　　　　　　－「구화수제도관소」, 『계원필경』 권16

중수하여야 할 도궁과 도관이 이미 오래되어 경비가 많
이 소용되므로, 관부에서는 할 수 없으니 대중들의 보시로
써 이를 충당할 수밖에 없다는 것이다. 그런데 불교계에서
는 활발하게 희사하고 있어서 문제가 없는데, 도교계에서

는 활발하게 모금이 이루어지지 않고 있으니 걱정이라는 내용이다.

당시 불교계의 사찰과 신도는 도교의 도관과 신자의 세 배가량 되는 교세를 가지고 있어서 중수하는 데 문제가 없었다. 그러나 도교는 교세가 이에 비하여 약하기에 쉽지 않을 것 같다고 하며 분발을 유도하고 있는 것이다.

한편 최치원은 불교나 도교의 제문뿐 아니라 산신이나 해신(海神) 등 토착신앙의 숭배 대상에 대해서도 제문을 지었다. 당 중화 5년(885) 당나라를 떠나 신라로 귀국하면서 산동성의 참산(巉山)에서 무사히 귀국하기를 산신에 기원하는 제사를 지냈는데, 그 제문이 남아 있다.

삼가 깨끗한 술과 희생으로 제물을 올려 참산대왕(巉山大王)의 신령께 공경히 정성을 바칩니다.

－「제참산신문」,『계원필경』권20

이 글은 당 중화 4년(884) 가을을 배경으로 한다. 최치원은 당나라에 사신으로 왔던 김인규를 따라 당 왕조의 허락을 받고 사신 자격으로 신라에 귀국하려 하였다. 그런데 태풍이 불어 가지 못하자 이듬해 정월 산동성에 있는 참산에서 바람이 멈추어지기를 산신에게 기원하였다.

그 내용은 구체적으로 이렇다. 일행은 양주를 떠나 초겨울에 산동성의 용구시에 도착하였으나 추위와 바람 때문에 가지 못하고 해를 넘기고 말았다. 이에 정월에 거북점을 보고 나서 다시 귀국할 채비를 차리고 참산의 산신에 제사를 지냈던 것이다.

여기에서 흥미로운 사실은 토착신앙의 대상신인 산신에게 제사를 지냈으며, 거북점을 쳐서 좋은 날을 골라 제사를 지내고 그 사실을 제문으로 남겨놓았다는 점이다. 산신을 대왕으로 표현하고 있으며, 파도의 신령이 잠잠하고, 물의 신이 자세를 바로 하도록 해달라고 하여 산신과 파도신 및 수신(水神) 들을 제사의 대상으로 하고 있음도 알 수 있다.

그러면서 최치원은 오직 대왕의 바람에 의탁하여 빨리 '군자의 나라'인 신라에 돌아가서, 황제의 명령을 받들어 신직(神職)을 지킬 수 있도록 해달라고 기원하였다. 앞서 보았듯이 그는 '군자의 나라' 신라의 유학자이지만 불교와 도교에 대한 이해와 신앙도 가지고 있다. 「제참산신문」은 그러한 그가 산신이나 수신 및 풍신(風神) 등 자연신 신앙에도 관심을 가져 제사를 지내고 제문을 남겼다는 사실을 보여준다.

그 이유는 「난랑비서」에서 보았듯이 풍류도가 '현묘지도'로서 자연신앙을 기본으로 하며, 외래신앙인 유교와 불교 및 도교를 포함하기 때문이다. 이는 화랑인 난랑에만 해당하는 것이 아니라 최치원의 경우에도 적용되며, 당시 신라의 지식인들 대부분에게 해당하였다고 할 수 있다.

앞서 이야기하였듯이 신라는 한사군(漢四郡)의 하나인 낙랑군을 통하여 유교를 수용하고, 5세기에는 불교를, 7세기에는 도교를 받아들였다. 여기에서 최치원의 제문은 통일신라기에 들어서 이들 재래신앙과 외래종교를 점차 하나로 융화시켜 나갔다는 사실을 보여준다.

불교의 나라에 우뚝 선
신라의 고승

우리나라의 자제들이
불법이나 유학을 배우는 것은 당연하다. …
진주를 찾는 자가 어룡이 있는 바닷속의 깊음을
마다하지 않는 것과 같다.

– 「진감선사대공령탑비명」

최치원은 유학자이지만 당나라에서 유학하여 불교와 도교에 대한 이해와 지식을 갖추고 귀국하였다. 그 결과 왕명에 따라 고승(高僧)의 행적 등을 다루는 소위『사산비명』을 지어서 남기게 되었다. 그중 제일 먼저 지은 것이 고승 진감선사(眞鑑禪師)를 기리는「진감선사대공령탑비명」이다.

> 무릇 도(道)가 사람을 멀리하는 것이 아니요, 사람은 나라에 따라 다르지 않다. 이러한 까닭에 우리나라의 자제들이 불법이나 유학을 배우는 것은 당연하다. 서쪽으로 큰 바다를 건너가 통역을 거쳐 학문에 종사하려 할 때에 목숨은 배에 맡기었지만 마음은 중국으로 향하였다. 빈 채로 갔다가 채워서 돌아오고, 고생을 하고 얻었으나 마치 보옥을 캐는 사람이 곤륜산의 높음을 꺼리지 않고, 진주를 찾는 자가 어룡이 있는 바닷속의 깊음을 마다하지 않는 것과 같다.
>
> －「진감선사대공령탑비명」

이 비문에는 서쪽으로 건너가 불법과 유학을 배워온 진감선사의 삶을 칭송하는 내용이 담겨 있다. 멀리 가서 현묘한 도를 배우고 전하여 신라를 빛낸 이가 진감선사라는 것이다. 그는 목숨을 걸고 지혜의 횃불을 얻었다고 하며 선(善)과 인(仁)을 신라에서 일으켰다고 표현하기도 하였다.

또한 양나라의 시인 심약(沈約)의 말을 인용하여 공자가 그 실마리를 일으켰고, 석가는 그 이치를 밝혔다고 하였다. 이 비문에 담긴 진감선사의 삶을 통하여, 신라에 선종이 들어오게 된 배경과 당시 불교의 사회적 영향력이 어떠하였는지를 살펴볼 수 있다.

진감선사는 법명이 혜소(慧昭)이고, 선대는 한족으로 산동 지역의 고관이었다가 수나라가 고구려의 요동 지방을 공략하고자 할 때 고구려에 귀화하였다. 혜소는 30세가 넘어 부모가 모두 돌아가시자 생계를 위한 활동을 그만두고 세상의 진리를 찾아야겠다는 생각으로 고향을 떠나 유학 길에 올랐다.

그러다 혜소는 애장왕 5년(804)에 당나라로 가는 세공사(歲貢使)에게 가서 뱃사공을 자원하였고 서쪽으로 건너가게 되었다. 신감대사(神鑑大師)를 뵙고 오체투지(五體投地)를 하니 그가 마치 알던 사람을 오랜만에 만난 것같이 하였다고 한다. 신감대사는 당나라 중기의 대표적 선승인 마조

도일(馬祖道一)의 가르침을 계승한 승려였다. 혜소는 신감대사의 허락을 얻어서 출가하고 그의 문하에서 공부하였는데 얼굴이 검어서 이름을 부르지 않고 '흑두타(黑頭陀)', 즉 검은 수행자라고 불리었다.

혜소는 헌덕왕 2년(810) 중국 선종에서 정식 승려가 되는 구족계(具足戒)를 받았는데, 그때 신라의 승려 도의(道義)가 먼저 당나라에 도를 배우러 왔다. 이들은 서로 만나 의기투합하여 중국 각지의 유명한 선승들을 찾아다니면서 선(禪)에 대한 이해를 더하여 갔다.

도의가 먼저 신라로 돌아가자 혜소는 종남산으로 들어가 3년간 선정에 들어 줄곧 참선 수행만을 행하였고, 3년간 여러 곳을 다니며 만행을 하고 흥덕왕 5년(830)에 귀국하였다. 흥덕왕은 도의와 혜소가 귀국한 것을 기뻐하며, 신라를 '불교의 나라'로 만들겠다고 확언하였다. 이 시기 신라의 왕실은 귀족들과 긴밀하게 연결된 교종을 견제하기 위하여 새롭게 전해진 선종에 관심을 가지고 이를 적극적으로 후원하였다.

처음 혜소는 상주의 장백사(長栢寺)에 있었으나 찾아오는 사람들이 구름같이 많아서 지리산에 자리를 잡고 절을 지었다. 민애왕 원년(838)에 이르러서는 왕이 국서(國書)를 내리고 제사 비용을 보내 임금과 나라를 위하여 소원을 빌어줄 것을 청하였다.

그러나 혜소가 "부지런히 선정을 닦으면 되는 것이지 소원 성취를 비는 것이 필요한가?"라고 반문하자 임금이 부끄러워하면서도 깨달은 바가 있었다. 왕경의 빈번한 권력 투쟁에 환멸을 느낀 혜소는 왕실과 일정한 거리를 두고자 하였던 것 같다.

문성왕 12년(850) 정월에 문도들에게 "모든 법이 다 공(空)이니 나도 장차 가게 될 것이다. 일심이 근본이니 너희들은 정진하되, 탑을 세우거나 명을 짓지 말라"고 하였다. 말을 마치고는 앉은 채로 77세에 입적하였다.

혜소가 열반에 들었을 때 문성왕은 시호를 내리려 하였으나 그의 당부를 듣고 그만두었다고 한다. 그 후 30여 년이 지나 재가 제자들은 힘을 모아 비석을 세우고 비명을 지을 것을 청원하였다. 헌강왕이 선종을 흠모하여 '진감선사'라고 추서하고 탑의 이름을 '대공령탑(大空靈塔)'이라 하였으며 정강왕 2년(887)에 하동 쌍계사(雙磎寺)에 비를 세우고 최치원이 비문을 지었다.

최치원은 비문에 여산 혜원(慧遠)의 글을 인용하여 "석가
여래가 주공·공자와 더불어 드러낸 이치는 다르지만, 돌
아가는 바는 한 길이다"라고 적었다. 유교와 불교가 궁극
적으로는 하나라는 유·불 회통을 역설한 것이다.

승려의 삶을 기록한
유학자

스승으로 추앙받는 이는 누구이며,
부림을 받는 사람은 누구인가? …
덕(德)이라는 것도
말에 의지하여야 일컬어질 것이요,
말이라는 것도 덕에 의지하여야
없어지지 않고 오래 전해질 것이다.

－「대낭혜화상백월보광탑비명」

최치원이 두 번째로 지은 비문은 보령 성주사(聖住寺)에 있는 낭혜화상(朗慧和尙) 무염선사(無染禪師)의 탑비문으로, 이른바 「대낭혜화상백월보광탑비명」이다. 무염선사 입적 후 왕이 비문을 지으라고 명하자 그는 부족함을 이유로 사양하다가 마지못하여 일을 맡고, 심정을 비문에 고백하였다.

받침대인 귀부와 머릿돌인 이수를 갖춘 거대한 비문은 내용만 5120자로 역대 비문 중 가장 긴 편에 속한다. 일부 마모된 글자 외에는 판독이 가능할 만큼 상태가 양호하다.

중국에 들어가 배운 것은 대사나 나나 다 같이 하였는데 스승으로 추앙받는 이는 누구이며, 부림을 받는 사람은 누구인가? 어찌 심학자(心學者)는 높고, 구학자(口學者)는 수고로움을 당하여야 하는 것인가? 그러므로 옛날의 군자는 배우는 것을 삼갔다. 그러나 심학자가 덕을 세우고 구학자는 말을 남긴 것이니 저 덕(德)이라는 것도 말에 의지하여야 일컬어질 것이요, 말이라는 것도 덕에 의지하여야 없어지지 않고 오래 전해질 것이다.

－「대낭혜화상백월보광탑비명」

여기에서 심학자는 불교의 선승을 말하며, 구학자는 유학자를 지칭하는 것으로 유학자인 자신이 선승 무염의 비문을 짓는 것을 빗대어 말하고 있다. 그러나 최치원은 덕이라는 것도 말에 의하여 일컬어지는 것이고 말이라는 것도 덕에 의지하여야 오래도록 전해질 것이라면서, 마음을 다잡고 두루말이 행장을 들추어 내어 무염선사의 삶을 상세히 기록하였다.

최치원은 성주사 비문에 무염선사가 당나라로 유학하고 신라로 돌아온 시기, 구족계를 받고 선리(禪理)를 깨달은 인연, 공경(公卿)과 관리들이 귀의하여 우러르던 일, 불전과 영당을 창건하였던 불사(佛事) 등을 상세히 서술하고 있다.

또한 부처를 받들고 법손(法孫)을 위하는 덕화, 임금을 돕고 스승을 위하였던 명성, 세속을 진정시키고 마구니를 항복시킨 위력, 중국에 갔다가 돌아온 것 등은 헌강왕이 친히 지은 심묘사비(深妙寺碑)에 기록되어 있으므로 무염선사가 열반에 든 시기와 임금께서 탑의 이름을 내려준 것에 대해서만 언급하였다고 밝혔다.

그러나 사실상 무염선사의 출생과 불교에 입문한 과정, 당나라로 가서 유학한 과정, 그리고 신라로 돌아와 불사를 하고 왕사가 되어 임금과 만난 이야기와 입적한 내용 모두가 기록되어 있다. 더구나 비문에 적힌 그의 삶을 통하여 당시 신라 불교계의 상황도 엿볼 수 있다.

무염선사의 아버지는 김범청(金範淸)으로 진골에서 한 단계 강등되어 '득난(得難)'이 되었는데 이는 6두품을 이른다. 6두품이 되는 것이 어려워서 득난이라고 하였는데 선사들은 대부분 6두품 출신들이었다.

당나라로 떠나 선문(禪門)의 배움에 정진한 무염선사는 가난하고 돌봐줄 이가 없는 사람들과 병든 자들을 돌보는 자비행을 30여 년간 행하여 '동방의 큰 보살'이라고 불리었다. 그러다 도교를 맹신한 당무종이 회창년(841~846)에 측근 도사들의 선동에 의하여 폐불(廢佛)을 단행하자 회창 5년(845) 신라로 귀국하였다. 이때 많은 선승들이 신라로 귀국하며 신라 말에는 선풍(禪風)이 진작되는 계기가 되기도 하였다.

무염선사가 귀국하자 무열왕의 9세손인 김흔(金昕)이 자신의 봉지(封地)에 있는 폐허가 된 절에 와서 주석(駐錫)하기를 청하였고 문성왕 12년(850)경에 복구하여 절을 크게 이루었다. 그러자 사방의 먼 곳에서 배우고자 하는 사람들이 찾아와 문도가 번성하게 되었다.

문성왕이 이를 듣고 절의 이름을 '성주(聖住)'로 바꾸어 흥륜사(興輪寺)에 편입시켰다. 이후 헌안왕은 시행할 일이 있으면 사람을 보내 무염선사의 자문을 구한 뒤에 행하였으며, 경문왕 11년(871)에는 왕이 왕경으로 불러 왕사로 삼았다.

무염선사는 경문왕에 이어 헌강왕 때도 국사에 봉해졌다. 그러나 산으로 들어가 세상과 인연을 끊으니, 임금이 '방생장(放生場)'의 경계를 표시하고, '성주사'라는 제액을 내렸다. 정강왕 또한 즉위 후 그의 안부를 묻기 위하여 사절을 보내고, 국의(國醫)를 보내 아픈 허리를 치료하도록 하는 등 여러 번의 서신을 보냈으나 왕실의 부름에는 응하지 않았다. 문성왕 대부터 진성여왕 대까지 오랫동안 왕실의 대우를 받았으나 검소한 생활을 유지하였다.

무염선사의 제자가 2000여 명이나 되던 성주사는 당시 여러 선문 중에서 가장 왕성한 선문이었다. 그는 제자들에게 기일을 정해주고 의심이 나는 것을 묻게 하여 수행을 자극하였다. 선문답(禪問答)을 통하여 새로운 시각을 얻게 하여 깨달음에 이르게 하려는 지도 방침이었다.

무염선사는 언어와 문자를 벗어난 참선을 중요시하였지만 교학의 필요성 또한 부정하지 않았다. 교학과 참선을 차별하지 않고 일치시키려는 '선교일치(禪敎一致)'가 그의 궁극적인 목표였다.

08

선종의 유입과
교종 세력의 반발

구도승의 뱃길 왕래가 이어지고, …
혹 중원에서 득법(得法)하고 돌아오지 않거나,
혹 득법한 뒤 돌아왔는데
거두(巨頭)가 된 사람은 적었다.

– 「지증대사적조탑비명」

어 수용된 것이다.

선종은 초기에 왕실의 지원을 받고 차츰 지방 호족들의 적극적인 지원을 통하여, 사회적 변화를 주도하는 사상으로 조명받으며 자리 잡았다. 처음에는 북종이 전래되었으나 받아들여지지 못하였고 8세기 후반부터 남종이 수용되었으나, 교종의 견제로 왕경에 제대로 자리 잡기는 쉽지 않았다.

9세기 전반에는 선승들이 귀국하여 왕실의 보호를 받게 되었는데, 특히 회창폐불 이후에 많은 선승들이 귀국하여 지방 호족들의 보호를 받았다. 그렇게 선승은 새로운 사회 사상으로 자리매김하였다.

교종의 승려들이 대부분 진골귀족 출신인 데 비하여 선종의 승려들은 대부분이 6두품이었으므로 같은 신분인 지방 호족들이 선호하였던 것이다. 또한 경전에 구애받지 않고, 자신에게 내재된 불성을 보고 깨달으면 누구나 부처가 될 수 있다는 선종의 종지는 지방 호족들과 지방민들의 마음을 사로잡았다.

선종은 참선을 중심으로 하여 "불립문자(不立文字), 견성오도(見性悟道)"를 종지로 하는 종파이다. 즉 문자에 구애받지 않고, 자신의 불성을 봄으로써 깨달음을 얻는 것이다. 더구나 교종 불교에 더하여 유교와 도교의 교리도 함께 융화하고 있는데, 「지증대사적조탑비명」 서문에 이 부분이 잘 나타나 있다.

> 서(序)에 말한다. 오상(五常)을 다섯 방위로 나누어 동방에 짝지어진 것이 '인(仁)'이요, 유·불·선 삼교에서 각기 이름을 세움에 청정한 경지를 나타낸 것이 '불(佛)'이다. 인심(仁心)이 곧 부처이니, 부처를 '능인(能人)'이라 일컫는 것은 당연하다.
>
> — 「지증대사적조탑비명」

유교에서 가장 중요시하는 가치인 '인'이 바로 불교에서 가장 중요시하는 가치인 '불', 즉 부처이며 따라서 부처님을 '능인'이라고 지칭하고 있다. 사실상 유교와 불교가 하나라는 의미이다.

경문왕이 삼교에 능통한 지증대사를 보고자 하였던 것도 이 때문이다. 이는 지증대사가 삼교에 능통하기도 하지만, 화랑 출신인 경문왕 또한 삼교에 능통한 의식을 가졌다는 사실을 보여준다. 이와 같은 모습은 9세기 신라 사상계의 보편적인 현상이라고 할 수 있다.

09

효를 지키고
자연을 따르며 선행을 베풀라

인(仁)으로써 대중을 구제하려는 정성을 드러내고,
효(孝)로써 어버이를 섬기는 모범을 보여, …
'효자가 다하여 없어지지 않는다'는 것을
따르지 않음이 없어야 한다.

– 「대숭복사비명」

숭복사(崇福寺)는 원래 신라 선덕왕 이전에 파진찬(波珍飡) 김원량(金元良)이 창건하여 '곡사(鵠寺)'라 하였는데, 제38대 원성왕 사망 후 이곳에 왕릉을 만들고 근처로 절을 옮겼다. 그 뒤 제48대 경문왕이 즉위하여 꿈에 원성왕을 보고 이 절을 중수한 뒤 능원(陵園) 수호와 명복을 빌게 하였다.

최치원의『사산비명』에는 선사들의 비명과 함께 숭복사 중창을 기념으로 세운 기념비가 있다. 처음 곡사의 건립에는 최치원의 아버지 최견일(崔肩逸)이 참여하였는데, 숭복사를 중창하면서 그 비문을 최치원이 짓게 되었다.

신이 듣건대, 왕자가 조종의 덕을 기본으로 하여 후손을 위한 계책을 준엄히 세울 때, 정치는 인(仁)으로써 근본을 삼고, 예교(禮敎)는 효(孝)로써 으뜸을 삼는다고 한다. 인으로써 대중을 구제하려는 정성을 드러내고, 효로써 어버이를 섬기는 모범을 보여,「홍범(弘範)」에서 '치우침이 없는 것'을 본받지 않음이 없고,『시경』에서 '효자가 다하여 없어지지 않는다'는 것을 따르지 않음이 없어야 한다.

－「대숭복사비명」

최치원은 「대숭복사비명」에서 유교의 효도와 불교의 선행을 함께 이야기하고 있다. 당시 사찰을 옮기고 그 자리에 왕릉을 조성하였다는 것에 비판이 있었기 때문이다. 원성왕 14년(798) 겨울 왕이 이장(移葬)할 것을 유언하였으나 땅을 고르기가 어렵자 곡사를 지목하여 유택을 모시려고 하였고, 이에 의혹을 제기하는 사람들이 있었던 것이다.

따라서 최치원은 유교의 가치인 효도에 대해서도 이야기하고, 불교의 가치인 선행에 대해서도 함께 논하며 숭복사를 중건한 사실을 글로 남겼다. 원성왕 사망 이후 왕위쟁탈전으로 많은 왕들이 비명횡사한 경우가 많았으므로, 이때에 이르러 안정을 되찾아서 숭복사를 다시 지을 수 있었던 것이다.

그런데 비문에는 매우 흥미로운 부분이 있다. "왕릉을 이룩하는 데 비록 왕토(王土)라고 하지만 실은 공전(公田)이 아니어서 부근의 땅을 모두 좋은 값으로 구매하여 왕릉에 100여 결을 사서 보태었다, 값으로 치른 벼가 모두 2000점이었다"라는 내용이다.

전근대사회, 특히 고대사회에서는 모든 국토의 땅이 임금의 소유라는 왕토사상(王土思想)에 의하여 전 국토의 소

유권은 왕에게 귀속된다는 토지국유제(土地國有制)가 통설
이었다. 그러나 당대의 자료에서 왕토이지만 공전이 아니
라는 기록은 당시에 공전뿐만 아니라 사전(私田)이 존재하
였다는 것을 알려주는 매우 중요한 역사적 가치를 지닌다.

더구나 토지 가격을 구체적으로 2000점[3000석에 해당]
이라고 기록하여 자료의 신빙성도 높이고 있다. 이에 따라
이후 고대사회에서도 사전이 존재하였다는 인식과 함께
토지가 모두 국가의 소유라는 토지국유제설은 비판을 받
게 되었다.

또한 최치원은 숭복사를 중창한 경문왕을 논하면서 처
음에 국선도(國仙徒)에서 명성을 날리고 현풍[풍류도]을 떨
쳤다는 내용도 강조하고 있다. 이 이야기는 『삼국유사』에
도 잘 서술되어 있다. 경문왕의 이름은 응렴(膺廉)으로 18
세에 국선이 되었는데, 헌안왕이 궁중에 불러 국선으로서
전국을 다니며 느낀 점을 물어보자 다음과 같이 답하였다
고 한다.

응렴은 윗자리에 있으면서도 겸손한 사람, 부자이면서
도 검소하게 옷을 입는 사람, 귀하고 세력이 있는데도 위력
을 부리지 않은 사람 등을 아름다운 사람이라고 평하였다.

그러자 왕이 그 어짊을 보고 사위를 삼기로 하고 두 딸 중에 하나를 택하도록 하였다.

응렴은 아름다운 둘째 공주에게 장가를 가고 싶었으나 그의 낭도 중의 범교사(範敎師)가 첫째 공주에게 장가를 가면 세 가지 좋을 일이 있을 것이라 하여 첫째 공주에게 장가를 들었다. 아들이 없던 헌안왕이 얼마 안 있어서 사망하자 유언에 따라 첫째 공주의 남편 응렴이 왕위에 올라 경문왕이 되었다.

비문에 따르면 그 후 왕위쟁탈전을 겪고 나서 임금이 된 경문왕은 불사(佛寺)를 일으켜 분황사의 승려 숭창(崇昌)에게 절을 개수하여 받들어 부처님께 고하도록 하고, 김순행(金純行)을 종묘에 보내 선조의 덕업을 선양하려는 성의를 고하도록 하였다. 불교계와 유교계를 모두 배려하여 관심을 보이는 것을 알 수 있다.

이후 헌강왕 11년(885) 가을에 선왕의 뜻을 받들어 '숭복사'를 '대숭복사'로 이름하고 토지와 공양을 보시하였으며, 비로자나불을 주불로 모시었다. 그리고 이듬해 최치원에게 절을 짓게 된 과정을 기록하는 비명을 짓도록 한 것이다. 유교적 가치와 불교적 가치를 모두 중요시하는 모습이 확연히 드러난다.

『계원필경』을 통하여 최치원이 유교와 불교 및 도교의 융화를 당나라에서 경험하였다는 것을 알 수 있다면, 『사산비명』에서는 그가 불교와 유교에 모두 능통하였다는 것을 확인할 수 있다. 특히 「난랑비서」에는 유·불·선의 남다른 사상적 이해를 바탕으로 삼교의 융합으로 국난을 극복하려는 그의 염원이 드러난다.

PART 3

김부식 『삼국사기』

유학자가 바라본 사유의 용광로, 삼국과 통일신라

김부식 1075~1151

후대의 지침이 될 사서 『삼국사기』를 편찬한 고려 정치가.

고려 전기 문벌귀족사회의 절정기에 관직생활을 하면서, 이자겸의 난과 묘청의 난을 겪으며 최고 권력자의 위치에 올랐다. 대외적으로 요나라가 쇠약하고 금나라가 강해지던 당시, 그의 실용적인 외교 노선은 고려의 대외정책에서 주도적인 위치를 차지하게 되었고 그의 정치적 위상도 높아졌다. 특히 묘청이 인종 13년(1135) 반란을 일으켰을 때 묘청 등의 서경 세력을 진압할 책임자로 임명되고, 1여 년 만에 반란을 진압하는 데 성공하여 최고의 권력 수반에 올랐다.

동왕 20년(1142)에는 스스로 관직에서 물러나 왕명에 따라 『삼국사기』의 편찬에 몰두하였고, 동왕 23년(1145)에 편찬을 마무리하였다. 『삼국사기』는 편찬 당시가 아닌 기원전 1세기 중반부터 기원후 10세기 중반까지 약 1000년에 해당하는 역사적 사실을 기록하고 있는데, 특히 1세기부터 8세기의 사상적 변화를 확인할 수 있다. 삼국시대와 남북국시대에 편찬된 사서가 남아 있지 않으므로 『삼국유사』와 더불어 현존하는 가장 오래된 역사서로 평가받는다.

삼국의 역사를 가려내어
교훈으로 삼다

오늘날 학사들과 대부들이
오경(五經)이나 제자(諸子)의 서책과
진한시대 이래의 중국 사서에는
간혹 넓게 통달하여 자세히 말하는 이가 있지만,
우리나라의 일에 이르러서는 갑자기 망연해져서
그 시말(始末)을 알지 못하니 매우 한탄할 일이다.

– 「진삼국사기표」, 『동문선』 권44

우리나라 고대의 역사를 남기고 있는 기록으로는 고려시대의 대표적인 고전 세 권을 꼽을 수 있다. 고려 중기 옛 신라 6두품 지식인의 후손들이 고려의 귀족사회를 주도하는 시기에 편찬된 김부식의 『삼국사기』, 고려 무신정권기 옛 고구려 지역의 무장들이 정권을 장악하고 있었던 시기에 편찬된 이규보의 「동명왕편」, 고려시대 원나라 간섭기, 민족의 단합이 무엇보다도 중요한 시기에 편찬된 승려 일연의 『삼국유사』가 그것이다.

1세기부터 8세기까지 우리나라 삼국의 역사를 제대로 이해하기 위해서는 이들 『삼국사기』와 「동명왕편」 및 『삼국유사』 등을 모두 참고하여야 한다. 그 기록들을 비교하며 사료 비판을 하여야 한국 고대사회의 모습을 제대로 재구성할 수 있다.

인종 23년(1145), 김부식은 유교적 가치관에 입각하여, 교훈주의적 입장에서 삼국의 역사를 『삼국사기』로 편찬하였다. 그는 『삼국사기』의 편찬 목적이 임금의 선악과 신하의 충성스러움과 사악함, 나라의 안보와 인민의 통치의 잘한 것과 잘못한 것을 가려내어 교훈으로 삼는 것에 있다고 하였다.

역사적 사실을 있는 그대로 객관적으로 서술하되, 주관적인 목적이 개입되어 있다는 것이다. 편찬의 목적이 유교적인 가치관에 따른 교훈주의적인 것이기 때문에, 목적에 부합한 자료들이 주로 활용되고 그렇지 않은 자료들은 없어졌을 것이다.

그렇지만 우리는 『삼국사기』를 통하여 고대사회의 정치와 경제, 사회와 문화 등의 시대상을 파악할 수 있다. 그리고 당시에 토착신앙과 불교, 유교와 도교 등 사상과 종교가 충돌하고 융화하는 사상적 흐름 또한 엿볼 수 있다. 그러면 김부식이 인종에게 올린 「진삼국사기표」를 통하여 그가 『삼국사기』를 편찬하게 된 배경과 목적을 살펴보자.

오늘날 학사들과 대부들이 오경(五經)이나 제자(諸子)의 서책과 진한시대 이래의 중국 사서에는 간혹 넓게 통달하여 자세히 말하는 이가 있지만, 우리나라의 일에 이르러서는 갑자기 망연해져서 그 시말(始末)을 알지 못하니 매우 한탄할 일이다. 하물며 신라와 고구려와 백제는 나라를 열고 솥의 세 발처럼 서서, 예로써 중국과 교통할 수 있었기 때문에, 범엽(范曄)의 『한서

(漢書)』와 송기(宋祁)의 『당서(唐書)』에는 모두 삼국의
열전이 실려 있는 것이다. 그러나 중국의 일은 자세하
고 외국의 일은 간략히 기록하여, 삼국의 사실이 다 갖
추어 실리지 못하였다.

- 「진삼국사기표」, 『동문선』 권44

당시 고려의 지식인들은 중국의 오경이나 제자백가에
대해서는 통달하였으나 우리나라의 일에 대해서는 잘 몰
랐다. 김부식은 옛날 여러 나라들이 각기 사관을 두어 이
전의 일들을 기록하였으나 남아 있는 서책에 드러나지 않
았으므로 인종이 자신에게 편집을 하명하여 『삼국사기』를
편찬하였다고 한다. 편찬의 가장 중요한 이유는 우리나라
의 역사를 기록하여 남기는 것이었다.

중국의 사서에 중국의 것은 자세히 서술하고 삼국의 사
실은 다 갖추어 실리지 못하였으므로, 직접 우리 삼국의 역
사를 편집하였다는 말이다. 물론 우리나라에도 이미 『고기
(古記)』라는 서책이 있으나 문장이 매끄럽지 않고, 자료가
인멸하여 역사서로서 부족하기에 자신이 직접 사서를 편
찬하였다고 한다.

김부식은 『고기』에 대하여 문자가 거칠고 졸렬하며 사적이 빠지고 없어져서, 임금의 선악과 신하의 충성스러움과 사악함, 나라의 안위와 인민의 통치를 제대로 그려내지 못하였다고 평가하였다. 여기에서 『고기』는 보통명사로서 그저 '옛 기록'을 뜻한다고 보는 견해와 이규보가 「동명왕편」에서 언급한 『구삼국사』로 보는 견해로 나누어진다.

『구삼국사』는 태조 왕건이 후삼국을 통일하고 고려 초기, 그들의 입장에서 이전의 자료를 재편집한 사서를 편찬하였을 것이기에 이름 붙여졌다. 이규보가 김부식의 『삼국사기』를 보고 실망하고서, 그 이전의 『구삼국사』를 구하여 고구려의 동명왕을 기리는 시 「동명왕편」을 지었다고 하니, 이규보 시대에는 『구삼국사』가 존재하였을 것이다.

이규보 이후 일연이 찬술한 『삼국유사』에서도 『삼국사』를 인용한 것을 보면 고려 말까지 『구삼국사』는 존재하였던 것 같다. 다만 이 『구삼국사』가 『고기』를 지칭하는 것인지 아닌지는 학자마다 견해가 다르다.

이처럼 『삼국사기』 편찬 이전 삼국시대부터 이미 삼국에 대한 역사서는 쓰였다고 한다. 기록에 따르면 고구려에는 『유기(留記)』라는 사서가 있었으며, 이를 토대로 이문진

(李文眞)이 영양왕 대에 『신집(新集)』이라는 사서를 새로이 편찬하였다. 백제에는 고흥(高興)이 근초고왕 대에 편찬한 『서기(書記)』가 있었으며, 신라는 거칠부(居柒夫)가 진흥왕 대에 『국사(國史)』를 편찬하였다는 기록도 남아 있다.

그러나 이들 사서는 현재 남아 있지 않다. 삼국통일전쟁 이후 신라 중심으로 새로 편집되어 편찬되었을 테지만 그 또한 지금은 남아 있지가 않다.

김부식이 본
삼국과 통일신라 사상의 특징

춘추가 국학에 나아가
석전(釋奠)〔유교 제사〕과 강론을 참관하고자 청하니,
태종이 허락하고 아울러 친히 지은
「온탕비(溫湯碑)」와 「진사비(晉祠碑)」의 비문 및
새로 편찬한 『진서(晉書)』를 내려주었다.

– 진덕여왕조, 「신라본기」 제5, 『삼국사기』 권5

『삼국사기』에 따르면 신라는 기원전 57년에 건국되었다. 그리고 신라는 무열왕 7년(660)에 백제를, 문무왕 8년(668)에 고구려를 멸망시키고, 동왕 16년(676)에는 당나라를 한반도의 대동강과 원산만을 잇는 선 위쪽으로 몰아내는 데 성공하였다. 백제 지역 전체, 고구려 지역은 일부를 차지하였지만 기존 신라의 세 배 정도의 영토를 얻었으며, 따라서 인구도 세 배 정도 증가하였다.

더구나 신라는 당나라와 연합하여 전쟁을 이끌면서 당나라의 제도를 수용한 결과 '동아시아 세계'라는 새로운 국제적 환경을 조성하였다. 또한 당나라의 문물을 수용하는 과정에서는 사상계의 변화도 나타났다. 이러한 변화는 전쟁이 일어난 7세기 중엽에서 8세기에 걸쳐서 나타났으므로, 『삼국사기』의 이 시기 자료를 통하여 그러한 변화의 양상을 살펴보고자 한다.

이찬 김춘추와 그의 아들 문왕을 당에 보내 입조하였더니, 당태종이 광록경(光祿卿) 유형(柳亨)을 교외까지 보내 맞이하였다. 이윽고 일행이 도착하자 춘추의 위의(威儀)가 빼어나고 늠름한 것을 보고 두터이 대우하였다. 춘추가 국학에 나아가 석전(釋奠)[유교 제사]과 강론을 참관하고자 청하니, 태종이 허락하고 아울러 친히 지은 「온탕비(溫湯碑)」와 「진사비(晉祠碑)」의 비문 및 새로 편찬한 『진서(晉書)』를 내려주었다.

　　　　　　- 진덕여왕조, 「신라본기」 제5, 『삼국사기』 권5

　앞선 기록에서는 진덕여왕 2년(648)에 사신으로 당나라에 간 감질허(邯帙許)에게 당태종이 임금의 비서인 어사를 시켜 신라가 독자적인 연호를 칭하고 있는지 묻는 장면이 나온다. 감질허가 당나라에서 책력을 보내주지 않은 것을 이유로 변명하면서, 책력을 보내주면 중국의 연호를 사용하겠다고 하자, 태종이 수긍하였다고 한다.

　이어서 김춘추의 일행이 도착하였는데 국가 제사를 담당하는 최고책임자인 광록경 유형을 교외까지 보내 극진히 대우하였다. 더구나 태종은 김춘추를 직접 보고서 그가 위엄이 있고 늠름한 것을 보고 두터이 대우하였다고 한다. 김춘추는 당나라의 국학[국립대학]에 나아가 공자를 받드는 유교 제례인 석전 의례를 참관하고 강론을 들었다.

　이는 신라가 앞으로 유교적인 교육을 실시하고, 유교적

인 예법에 따라서 나라를 통치하겠다는 의지를 보여준다. 나아가 태종은 김춘추에게 자기가 직접 지은 비문과 함께 새로 편찬한 역사서인 『진서』를 내려주었으니 신라의 역사는 앞으로 중국의 역사를 참고하여 귀감으로 삼으라는 의미를 담고 있다.

다음으로는 태종과 김춘추 사이에 흉금을 털어놓고 오고 간 이야기가 기록되어 있다. 신라가 백제의 방해 때문에 당나라에 자주 조공(朝貢)을 하지 못하였다는 변명을 하면서 만약에 당나라가 군대를 파견하여 신라와 함께 백제를 멸망시킨다면 지속적으로 당나라에 조공하겠다는 약속을 한 것이다. 더불어 그가 관복을 고쳐 중국의 복식 제도를 따르겠다고 하였더니 태종은 그를 제후와 왕공 및 장군 가운데 공덕이 현저한 이에게 내려주는 관직인 특진(特進)으로 삼았다.

김춘추는 신라로 귀국하여 약속대로 동왕 3년(649) 정월에 관복을 중국 조정의 의관 복제로 착용하였다. 그리고 동왕 5년(651) 왕이 조원전(朝元殿)에 나와 백관의 신년하례를 받았는데 새해를 축하하는 중국식 예법이 이때부터 비롯되었다고 기록되어 있다. 조원전이라는 궁전의 명칭도 당나라의 것을 그대로 따른 것이며, 백관의 신년하례를 받은 것도 당나라의 제도를 그대로 따른 것이다.

　김춘추는 백제를 멸망시키기 위해서는 당나라의 도움이 필요하다고 생각하였으며, 당나라의 도움을 받기 위하여 당나라의 제도와 복식, 문물, 예법을 신라에 그대로 적용하여 신라의 발전과 중흥을 도모하고자 하였다. 이후에 신라는 당나라의 예법은 물론이고 율령도 받아들면서, 모든 제도를 당나라식으로 고쳐 동아시아 세계의 일원으로 나아가게 되었다.

신라,
유교와 불교의 유연한 공생

비록 초가집에서 살더라도 바른 도를 행한다면
복된 왕업이 장구할 것이지만,
만약 그렇지 못하면
비록 사람을 수고롭게 하여 궁성을 짓는다 하여도
또한 이로울 것이 없을 것입니다.

– 문무왕조, 「신라본기」 제7, 『삼국사기』 권7

왕위에 오른 무열왕은 당나라의 선진 제도를 받아들여 관계를 돈독히 하고 신라의 발전을 도모하여 7년(660)에 백제를 멸망시켰다. 그리고 고구려마저 멸망시켜 삼국통일을 이루고자 하였으니, 이를 위하여 전쟁 영웅 김유신에게 자신의 공주를 시집 보내 유대를 공고히 하고 그를 상대등(上大等)으로 삼았다.

그 후 무열왕은 당나라와 신라 간의 나당동맹을 통하여 고구려를 멸망시키고자 많은 노력을 하였으나 이루어지지 않았다. 또한 백제를 멸망시킨 당나라는 백제 지역에 웅진도독부(熊津都督府)를 설치하고 백제 지역을 직접 경영하고자 하여, 승전국인 신라와 패전국인 백제가 평화롭게 지낸다는 맹약을 맺도록 하였다.

고구려를 멸망시키고 삼국통일의 위업을 달성한 것은 무열왕의 아들 문무왕이었는데, 그는 자신의 사후에 화장을 하고 유골을 동해안 입구에 뿌려달라는 유언을 남겼다.

왕이 도성을 새롭게 하고자 승려 의상에게 물었더니, 의상이 말하기를 "비록 초가집에서 살더라도 바른 도를 행한다면 복된 왕업이 장구할 것이지만, 만약 그렇

지 못하면 비록 사람을 수고롭게 하여 궁성을 짓는다
하여도 또한 이로울 것이 없을 것입니다"라고 하였다.
이에 왕이 공사를 중지하였다. … 가을 7월 1일에 왕
이 사망하였다. 시호를 문무라 하고, 여러 신하들이 왕
의 유언대로 동해 바닷가의 큰 바위 위에 장사를 지냈
다. 민간에 전하여 오기로 왕이 용으로 변하였다 하니,
이로 인하여 그 바위를 대왕암이라고 하였다.
　　　　　　 – 문무왕조, 「신라본기」 제7, 『삼국사기』 권7

　문무왕은 당나라를 몰아내고 삼국통일의 위업을 드러내
기 위하여 21년(681) 6월에 신라의 왕궁과 성곽을 새로이
신축하고자 하는 뜻을 품는다. 이에 의상법사(義相法師)에
게 의견을 물었는데, 궁궐의 신축보다는 정도(正道)를 행하
는 것이 왕업을 더 빛나게 할 것이라는 조언을 듣고 공사를
중지하였다고 한다.
　문무왕이 궁성을 신축하는 데 불교 승려인 의상법사에
게 그 의견을 물어보았다는 것은 매우 흥미로운 대목이다.
그만큼 불교계가 당시 여론 형성에 중요한 역할을 하고 있
었다는 것을 의미하기 때문이다.

그런데 의상법사가 문무왕에게 신축을 만류하는 명분은 '정도'이다. '정도'를 행하여 왕업을 더욱 영속적으로 이어 나가자는 것은 유교적 가치에 따른 것이다. 이는 당태종이 궁궐을 지으려는 준비를 다하였지만 궁궐을 신축하지 않았다는 『정관정요』의 내용과 맥락을 같이 한다.

의상법사는 불교 승려이면서도 왕업의 지속성에 대하여 언급할 때는 유교적인 가치로 판단의 근거를 삼고 있다. 그야말로 유교와 불교가 함께하는 유·불 융화의 모습을 보여준다.

한편 문무왕은 화장 이후, 유골을 동해안의 입구에 뿌려달라는 유언을 남겼다. 이는 삼국통일을 이룬 뒤 신라의 왕을 비롯한 지배층의 나태함을 경계하였기 때문이다. 사치와 향락에 빠져 국가 안위에 대한 관심을 등한시할까 우려하여 이러한 조치를 취한 것이다.

여기에는 이유가 있었다. 동왕 3년(663) 백촌강 전투에서 패배한 백제는 이후 지배층과 지식인이 집단적으로 일본에 건너가며 고대국가 형성과 고대문화 발전에 이바지하게 된다. 그 결과 왜국은 동왕 10년(670) 국호를 일본으로 탈바꿈하기에 이른다.

백촌강 전투 시기에만 해도 백제의 부흥을 돕기 위하여 집결한 왜군을 나당연합군이 무찔러 승리할 수 있었다. 그러나 동왕 16년(676) 당나라를 한반도에서 축출하고 나서는 신라와 당나라의 관계가 소원하게 된 상황이었다. 만약 일본이 신라에 침공한다면 이제는 신라 독자적으로 일본군과 전쟁을 치루어야 하는 실정이었다.

그런데 신라의 지배층은 삼국통일의 역사적 과업을 이룩하고 나서, 승전의 전리품을 차지하기 위한 갈등을 그들끼리 벌이고 있었다. 따라서 문무왕은 자신의 유골을 동해안 입구에 뿌려서 후손들이 1년에 네 번 제사 의례로 모였을 때 일본에 대한 경각심을 가지도록 유언하였던 것이다.

더구나 문무왕 이전의 왕들을 모두 무덤에 매장하였던 것과 달리, 문무왕은 불교식 장례인 화장을 하였다는 사실도 주목할 만하다. 그만큼 불교가 당시 대중화되었다는 것을 엿볼 수 있다. 신라의 경우 유골을 보관하는 골호(骨壺)가 7세기부터 나타나고 있다.

불교는 5세기에 신라에 전해졌지만, 귀족 세력의 토착신앙과 갈등을 겪으며 법흥왕 대에 이차돈이 순교하고 난 이후에나 공인되었다. 여기에 장례문화는 매우 보수적인 것이어서 불교가 공인되었다고 바로 화장을 하는 문화가 자리 잡은 것도 아니었다. 사실 장례가 화장제로 변화하게 된 계기는 삼국통일전쟁을 치르면서라고 할 수 있다.

삼국통일전쟁을 겪으면서 운명을 달리한 신라의 장군들과 군사들을 일일이 매장하기는 어려웠을 것이므로, 장례는 화장으로 이루어졌을 것이다. 따라서 문무왕도 왕이지만 솔선수범하여 불교식 장례인 화장을 한 것이다. 그리고 후손들이 일본에 대한 경계를 늦추지 않도록 동해안 입구에 유골을 뿌려 대왕암을 기억의 장소로까지 설정하였다.

이에 더하여 문무왕은 태자가 덕이 있으니 바로 왕위에 오를 것을 유언으로 남기고, 죽은 이를 보내는 도리와 남겨진 이를 위한 섬김을 강조하면서 자기의 관 앞에서 즉위하도록 당부하였다. 이러한 유언은 매우 유교적인 가치에 의한 것으로 장례는 불교식으로 지냈지만, 통치의 이념은 유교적이었다는 것을 보여준다.

사상의 분열로
국력을 잃은 고구려

연개소문이 왕에게 고하기를 …
"엎드려 청하오니 사신을 당나라에 보내 도교를
구하여서 나라 사람들을 교화하소서"라고 하였다.

— 보장왕조,「고구려본기」제9,『삼국사기』권21

수나라의 침공을 잘 막아낸 고구려라도, 이미 백제를 멸망시키고 요동 지방으로부터 공격하는 당나라와 남쪽에서 협공하는 신라를 이겨내지는 못하였다. 그러나 그에 앞서, 지배층 내부의 분열은 고구려 멸망의 결정적인 이유였다.

여기에는 사상계의 분열로 나라가 구심점을 잃고, 국력을 하나로 모으는 결집력을 발휘하지 못한 탓이 무엇보다 컸다. 그 전조는 바로 도교의 수용이었으며, 도교의 장려와 불교의 탄압은 사상계의 분열을 초래하였다.

> 영류왕 7년 봄 2월에 왕이 사신을 보내 책력을 반급하여 줄 것을 청하자, 형부상서(刑部尙書) 심숙안(沈叔安)을 보내와 왕을 상주국 요동군공 고구려국왕으로 책봉하고, 도사를 시켜 천존상(天尊像) 및 도법을 가지고 와서 노자를 강론하게 하였다. 왕과 나라 사람들이 이 강의를 들었다. 겨울 12월에 사신을 당에 들여보내 조공하였다. 8년에 왕이 당에 사신을 들여보내 불교와 노자의 법의 교법을 배우고자 요청하였더니 황제가 허락하였다.
>
> – 영류왕조, 「고구려본기」 제8, 『삼국사기』 권20

고구려는 영류왕 7년(624) 당나라에 사신을 보내 책력을 반급하여 줄 것을 청하였다. 이는 신라가 당나라에 책력을 보내줄 것을 청한 진덕여왕 2년(648)보다 24년이나 앞선 것이었다. 이때 당태종이 도사를 고구려에 파견하여 천존상을 보내주고, 노자의 『도덕경』을 강론하게 하여 도교가 고구려에 공식적으로 전래되었다.

도교가 당나라의 국교가 된 것은 당나라 황실이 '이' 씨 성이기에 노자가 먼 조상이라는 이유 때문으로, 고구려는 이를 그대로 수용한 것이다. 더구나 4년 뒤에는 사신을 보내 태종이 돌궐의 왕을 사로잡은 것을 축하하고, 고구려의 봉역도(封域圖)를 바치기도 하였다.

그러나 연개소문은 당나라에 대한 이와 같은 굴욕적 저자세 외교정책에 불만을 품었고 쿠데타를 일으켰다. 그렇게 영류왕을 시해한 뒤 실권을 장악하고 보장왕으로 왕위를 잇도록 하였다.

그리고 보장왕 2년(643) 연개소문은 보장왕에게 유교와 불교 및 도교가 솥의 세 발과 같아서 어느 하나가 없어서는 안 된다고 역설하고, 도교를 수용할 것을 강조하였다. 앞선 영류왕 대에 이미 도교가 전래되었지만 아직 제대로 수용되지 못하다가 이때에 이르러 정식으로 수용된 것이라 하겠다.

> 보장왕 2년 3월에 연개소문이 왕에게 고하기를 "세 가지 교법을 비유하자면 솥의 세 발과 같아서 하나라도 없어서는 안 되는 것인데, 지금 유교와 불교는 모두 융성하고 있으나 도교는 성행하지 못하고 있으니, 이른바 천하의 도술을 갖추었다고 할 수 없습니다. 엎드려 청하오니 사신을 당나라에 보내 도교를 구하여서 나라 사람들을 교화하소서"라고 하였다.
>
> ― 보장왕조, 「고구려본기」 제9, 『삼국사기』 권21

이에 태종은 도사 숙달(叔達) 등 여덟 명의 도사를 파견하고 노자의 『도덕경』을 보내왔다. 왕이 기뻐하여 도사들이 도교를 진흥하도록 불교의 사찰을 빼앗아 도교의 사원인 도관으로 삼았다고 한다. 도사들은 이 도관을 중심으로 당나라의 국교인 도교를 고구려에 전도하여 친당파들을 모았을 것이다.

그런데 왜 자주파의 대표격인 연개소문이 이러한 도교

진흥책을 취하였는지가 흥미롭다. 아마도 그의 무자비한 정권쟁탈에 기존 세력인 불교계가 저항하였기 때문일 것이다. 사찰을 빼앗긴 불교계에서는 이에 대한 불만이 고조되었을 것이고, 결국 보장왕 9년(650) 보덕화상(普德和尚)이 고구려를 떠나 백제로 망명하는 사태로까지 이르게 되었다.

이는 기존에 불교를 신봉하던 고구려 지배층의 균열과 함께 사상계의 분열을 가져와 나라의 구심점을 잃어버리는 결과를 초래하였다고 할 수 있다. 신라의 승려 원효대사와 의상법사가 보덕화상을 만나 열반경에 대하여 강의를 들었다는 이야기가 전해지고 있는데, 이는 보덕화상이 백제로 망명하고 나서의 일일 것이다.

연개소문이 이야기하였듯이 유교와 불교 및 도교가 솥의 세 발처럼 안정되게 발전하여야 하는데, 고구려는 오히려 불교를 탄압하고 도교를 진흥시켰다. 유·불·선 융화가 제대로 이루어지지 못한 고구려에 남은 결과는 한 가지였다.

결국 연개소문이 사망하고 아들들 간에 권력쟁탈전이 벌어지면서 고구려는 멸망하였다. 사실상 몰락의 단초가 이미 마련된 상황에서 당연한 결말이었다. 불교를 탄압하고 도교를 진흥한 결과, 지배층의 광범위한 지지를 받지 못한 고구려 왕조는 역사에서 막을 내리고 만다.

신앙에 치우쳐
현실을 보지 못한 백제

또 어떤 귀신 하나가 궁궐에 들어와서 큰소리로
"백제가 망한다! 백제가 망한다" 외치고는
곧 땅속으로 들어가 버렸다.

– 의자왕조, 「백제본기」 제6, 『삼국사기』 권28

백제 역시 불교와 유교 및 도교가 각각 중국으로부터 전래 수용되어 발전하고 있었다.

> 무왕 35년 봄 2월에 왕흥사가 완성되었다. 절은 강가에 있었는데, 채색으로 웅장하고 화려하게 꾸몄다. 왕은 매번 배를 타고 절에 들어가 향례를 행하였다. 3월에 궁궐 남쪽에 연못을 파서 물을 20여 리나 끌어들이고 사방 언덕에 버드나무를 심었으며, 물 한가운데 섬을 만들어 방장선산(方丈仙山)을 조영하였다.
>
> – 무왕조, 「백제본기」 제5, 『삼국사기』 권27

백제 무왕 35년(634) 왕흥사가 완공되었는데 그 모습을 웅장하고 화려하게 꾸몄으며, 임금이 직접 가서 향을 공양하였다. 그리고 궁궐 남쪽에 물을 끌어들여 연못을 파고 한가운데 섬을 만들어 마치 방장의 선산처럼 조영하였다고 한다. 방장선산은 봉래(蓬萊), 영주(瀛州)와 함께 삼신산에 해당하는 신선들이 사는 곳으로, 불로장생을 추구하는 도교의 유토피아이다.

이러한 신선들이 사는 모습은 이를 본뜬 백제의 산수 문양 전돌에 남아 있으며, 〈백제금동대향로〉에도 신선들과 그들이 사는 산악들이 조각이 되어 있다. 이는 백제에서 불교와 함께 도교가 상당히 신봉되고 있었다는 것을 의미한다. 더구나 〈백제금동대향로〉는 능사 부근에서 발견되어 절에서 향을 공양할 때 사용된 것으로 보이므로, 불교 의례에서 도교적 성격을 가진 향로를 사용하였다는 것을 알 수 있다. 불교와 도교가 그만큼 융화되어 있었다는 것이다.

그뿐만 아니라 〈백제금동대향로〉는 그 자체로도 용신(龍神)신앙과 불교 및 도교적 요소가 융화되어 있는 모습이다. 아랫부분에 용이 서려 있는 모습이 있고, 중간 부분에 연꽃이 조성되어 있으며 상단 부분에는 신선들과 그들이 사는 산들이 조성되어 있다.

그런데 의자왕 20년(660) 왕흥사에 돛대 같은 것이 밀려 들어오고, 왕도의 개들이 짖어댔으며 귀신 하나가 궁궐에 들어왔다. 그 귀신이 백제가 망한다고 소리를 지르고 사라지자 그곳을 파보니 앞날에 길흉을 예언하는 술법인 도참(圖讖)에 해당하는 문구가 나왔다. 왕이 무당을 불러 그것을 해독하도록 하자 "신라가 흥하고 백제가 망할 것"이라고 답변하였고 무당은 죽임을 당한다.

또 어떤 귀신 하나가 궁궐에 들어와서 큰소리로 "백제가 망한다! 백제가 망한다" 외치고는 곧 땅속으로 들어가 버렸다. 왕이 이상하게 여기어 사람을 시켜서 땅을 파보니 깊이 3척쯤 되는 곳에 웬 거북 한 마리가 있었다. 등에 글씨가 쓰여 있었는데 "백제는 둥근 달과 같고 신라는 초승달과 같다"라고 하였다. 왕이 무당에게 물으니 "둥근 달과 같다는 것은 가득 찬 것이니 가득 차면 이지러지는 것이요, 초승달과 같다는 것은 아직 차지 않은 것이니 차지 않은 것은 점차 차게 되는 것이다"라고 대답하였다.

　　　　　　　　　－ 의자왕조,「백제본기」제6,『삼국사기』권28

국가의 멸망을 예고하는 전조는 절에서부터 나타난 다음 궁궐에 나타나고, 그다음 땅속에서 도참으로 나왔다. 그 해독을 무당에게 맡겼다는 것은 백제에서 불교와 도교뿐만 아니라 무속신앙 또한 상당한 영향력을 가지고 있었다는 것으로 볼 수 있다.

그러나 무당이 그에 대한 풀이를 백제의 멸망을 예고하는 것이라고 대답하자 왕의 기대에 부응하지 못하여 죽임을 당한 것이다. 백제의 지배층이 불교와 도교 등 종교에만 치우쳐서 멸망의 조짐을 제대로 파악하지 못하고 현실적인 대처에도 실패한 결과 백제는 결국 멸망하고 말았다.

불교뿐만 아니라 『천자문』과 『논어』를 통하여 유학도 전해주었던 백제가 멸망하자 왜국은 지원군을 파견하여 백촌강에서 대대적인 전투를 벌인다. 그러나 나당연합군에 패하여 백제부흥운동도 결국 실패로 돌아갔다. 이후 백제의 지배층과 지식인은 일본으로 건너가 고대국가의 형성과 고대문화의 발전에 커다란 역할을 하게 된다.

특히 백제의 불교 승려들은 일본에 사찰을 조영하였으며, 유학자들은 유학을 가르쳐 일본이 율령국가로 발전하는 데 커다란 역할을 하였다. 왜국은 백제를 통하여 당나라의 제도를 수용하고 국호를 일본으로 변경하였고, 신라와 함께 8세기 동아시아라는 보편적 세계질서에 포함된 것이다.

불교의 폐단으로 인한
신라의 패망

불가의 교법을 받들면서 그 폐해를 알지 못하여,
항간에 불탑들이 즐비하게 들어서고
백성들이 달아나 승려가 되매,
군사와 농사가 차츰 위축되고
나라는 날로 쇠약하여 갔으니, 이러고서 어찌
문란하여 망하게 되지 않기를 바라겠는가!

– 경순왕조, 「신라본기」 제12, 『삼국사기』 권12

고려의 김부식은 『삼국사기』를 통하여 신라의 발전에서 유학의 공로는 인정하는 반면, 멸망의 원인으로는 불교의 융성을 논하였다. 이는 신라 말 최치원이 '풍류도', 즉 유·불·선의 융화로 신라의 부흥을 이룰 수 있다고 본 진단과는 다른 것이다.

김부식은 신라의 마지막 왕인 경순왕의 본기 바로 다음에 신라의 역사를 세 시기로 구분하여 박혁거세 거서간으로부터 진덕왕까지 28명의 왕대를 상대, 무열왕부터 혜공왕까지 8명의 왕대를 중대, 선덕왕으로부터 경순왕까지 20명의 왕대를 하대라고 하였다. 이어서 논평을 덧붙여 신라의 멸망에 대하여 논하였는데 특히 불교의 폐해에 대하여 지적하고 있다.

불가의 교법을 받들면서 그 폐해를 알지 못하여, 항간에 불탑들이 즐비하게 들어서고 백성들이 달아나 승려가 되매, 군사와 농사가 차츰 위축되고 나라는 날로 쇠약하여 갔으니, 이러고서 어찌 문란하여 망하게 되지 않기를 바라겠는가! 이럴 즈음 경애왕은 무절제한 쾌락에 빠져, 궁녀와 신하들을 거느리고 포석정에 놀러 가서 술자리를 벌여놓고 즐기다가 견훤(甄萱)이 들이닥치는 것도 몰랐다.

　　　　　　　－ 경순왕조,「신라본기」제12,『삼국사기』권12

　이에 앞서 김부식은 신라가 국초에는 왕들이 검소하고 관대하였으며, 중국과 교류하면서 유학을 성심껏 배워서 성현의 교화를 받았으니 이를 이어받아 예의가 바른 나라가 되었다고 하였다. 그러나 불교의 교법을 신봉하면서 절과 탑이 들어서고 승려가 되는 사람들이 많아지면서, 국가의 인력이 고갈되고 군사와 농사가 위축된 결과 국가가 쇠약하게 되었다고 하였다.

　신라 하대 지방의 호족들과 백성들이 "문자에 구애되지 않고 내재된 불성을 봄으로써 성불할 수 있다"는 선종의 종지를 신봉하고 개혁을 시도하고자 한 흐름에 대해서도 긍정적으로 보고 있지 않다. 이와 같은 인식은 이미 고려 초기 성종 대에 최승로가 올린 시무28조에서 불교의 폐해를 논하는 부분에 드러난다. 최승로의 불교 비판은 교리 자체가 아니라, 불교에서 파생된 폐단에 대한 비판이었는데 김부식은 그러한 인식을 그대로 따르고 있는 것이다.

신라시대에 최치원과 같은 6두품 유학자들은 신라를 개혁하고자 시무10여조를 제시하였으나 진골귀족들의 반대로 이루지 못하였다. 그런 이유로 유학자들은 신라의 골품제에 대하여 매우 비판적이었으며, 귀족들이 신봉하는 불교에 대해서도 비판적인 입장을 견지하였다.

　그 후 고려에 들어와 과거제가 도입되자 유학자들은 과거에 합격하여 관료가 되었고, 불교에 대하여 일정한 거리를 두었다. 김부식의 인식은 그러한 데서 연유하였다고 할 수 있다. 또한 승려인 묘청이 반란을 일으켰기 때문에 불교 세력, 특히 승려들에 대하여 인식이 좋지 않았으므로 신라 멸망의 원인으로 불교 세력을 지목하게 된 것이 아닌가 한다.

　물론 김부식이 신라의 멸망 원인을 불교의 폐해로만 설명한 것은 아니다. 그는 멸망의 결정적 원인이 경애왕을 비롯한 집권층의 무절제한 쾌락과 향락에서 비롯한 것으로 보고 있다. 그러나 이 또한 유학자의 입장에서 보면 유교적 정치이념을 제대로 구현하지 않았기 때문에 야기된 것이다.

　개인적으로 김부식은 불교 신자로서 대각국사(大覺國師) 의천(義天)의 비문을 작성하기도 하였고, 말년에 개경 주위의 관란사라는 절을 짓고 내세를 위하여 불교 수련을 하였을 정도로 불교에도 조예가 깊었다. 따라서 불교 사상 그 자체보다는 화려한 불교 의례와 수많은 사찰과 불탑 조성 등 불교와 관련된 사회경제적인 폐해에 대한 비판적인 시각을 가지고 있었다고 할 수 있다.

07

삼교가 공존한
신라의 제사 제도

신라의 종묘 제도를 살펴보면 …
사전(祀典)에 나타난 바로는
국내의 산천에 제사를 지내지만
하늘과 땅에는 미치지 못하였다.

– 제사조, 「잡지」 제1, 『삼국사기』 권32

『삼국사기』에는 신라 제2대 남해왕 3년(기원후 6) 봄에 시조 혁거세거서간의 사당을 세웠다는 기록이 나온다. 네 계절마다 제사를 지냈는데 남해왕의 친누이 '아로(阿老)'로 하여금 제사를 주관하게 하였다고 하니, 이를 통하여 여성이 제관을 담당하였다는 것을 알 수 있다.

이는 남성이 제관을 담당하는 유교식 제사와는 다른 것으로 여성이 의례를 주관하는 무속적인 성격이 강하다. 경주 황남대총 북분에서 발견된 여성용 금관을 통해서도 무덤의 주인공은 남성이 아니라 여성이며, 이러한 금관을 착용하고 제사를 지냈을 것이라 짐작할 수 있다.

신라의 화랑 역시 본래 제사단으로 시작하였다. 우리는 대개 화랑을 전사 집단으로 이해하고 있으나, 통일전쟁 시에 군사적 성격이 가미되고 통일전쟁 이후에는 인재를 양성하는 교육적 기능이 점차 강화된 것으로 보는 것이 맞다. 삼국통일전쟁 시에 참전하여 살신성인으로 전세를 역전시키는 역할을 담당하다 보니 주로 전사 집단으로 잘못 이해되었던 것이다.

화랑의 원조는 제사 의례를 돕는 역할에서 비롯한 원화(源花)로서, 화랑도의 전신인 원화단을 먼저 시행하였으나 남모(南毛)와 준정(俊貞)이 질투하여 서로 죽이는 사태가 벌어져 화랑도로 바뀌게 되었다. 그 구성원이 여성에서 남성으로 바뀌면서 화랑도가 탄생한 것이므로 화랑도도 당연히 본래 제사 집단이라고 할 수 있다.

『삼국사기』를 통해서는 신라 제사 제도의 변화 또한 확인할 수 있는데, 총 9권의 「잡지」 가운데 제사조에서 삼국의 종묘 제도에 대하여 언급하고 있다. 고구려와 백제의 자료는 영성하나 신라의 종묘 제도에 대해서는 그 변화 과정을 비교적 상세하게 잘 기록하고 있다.

신라의 종묘 제도를 살펴보면 제2대 남해왕 3년 봄에 처음으로 시조 혁거세의 사당을 세우고 네 계절에 제사를 지냈는데 친누이 아로로 하여금 제사를 주재하도록 하였다. 제22대 지증왕은 시조가 탄생한 나을(奈乙)에 신궁을 창립하여 제사를 지냈다. 제36대 혜공왕 대에 처음으로 5묘(五廟)를 정하였는데 미추왕을 김(金) 씨의 시조로 하고, 태종대왕과 문무대왕은 백제와 고구려를 평정한 큰 공덕이 있으므로 대를 이어 옮기지 않는 불천위(不遷位)로 삼았으며, 아버지와 할

160

아버지의 사당 둘을 합하여 5묘로 하였다. 제37대 선
덕왕 대에 이르러 사직단을 세웠는데 사전(祀典)에 나
타난 바로는 국내의 산천에 제사를 지내지만 하늘과
땅에는 미치지 못하였다.

— 제사조, 「잡지」 제1, 『삼국사기』 권32

시조묘가 세워져 있는데도 불구하고 신궁을 따로 설치
한 것은 국가체제 정비와 왕권 강화와 맞물려 있는 변화라
고 할 수 있다. 여기에서 신궁의 제신이 누구인가가 중요한
문제인데, 종래는 박씨 성의 시조 박혁거세라는 견해, 김씨
성의 시조인 김알지 또는 미추왕 내지는 나물왕이라는 견
해가 있었으나 지금은 천지신이라는 견해가 지지를 받고
있다.

또한 이어지는 기록에서는 시조묘와 신궁의 제사 제도
가 중국의 영향을 받은 종묘(宗廟)와 사직(社稷)의 제사 제
도로 변화하였다고 되어 있다. 이와 함께 그 이유로 중국
고대의 유교 경전인 『예기』의 「왕제」 편을 들었다.

천자는 7묘에 제사를 드리고 천지신에게 제사를 드리
며, 제후는 5묘에 제사를 드리고 사직단에 제사를 드리는

데, 중국 예제의 영향을 받아 제36대 혜공왕 대에 이르러 5묘제로 변화하고, 제37대 선덕왕 대에 이르러 사직단을 세웠다는 이야기이다. 즉 천자의 예에서 제후의 예로 제사 의례가 변화하게 되었음을 의미한다.

천지신을 모신 신궁의 설치는 대내적으로는 국가체제 정비에 따른 사상적 통일정책이며 대외적으로는 국력의 신장에 따른 국가체제의 자주적 표현이었다고 할 수 있다. 토착신앙의 사상적 통일정책을 통하여 이념적 결속에 성공한 신라는 이러한 자신감을 바탕으로 외래사상인 불교를 공인함으로써 사상적 발전을 도모하였던 것이다.

그러나 신라는 통일전쟁을 겪으면서 당나라에 대한 의존도가 높아져 중국식 복식 제도와 책력, 연호 등 중국의 제도를 받아들이게 된다. 여기에 제사 제도에도 변화를 가져와 제후국의 위상에 상응하는 5묘와 사직단을 설치하게 된 것이다.

따라서 제36대 혜공왕 대에 이르러 미추왕을 김씨 성의 시조로 하고, 태종대왕과 문무대왕은 삼국통일의 위업을 달성하였으므로 옮기지 않고 불천위로 하였다. 여기에 아버지와 할아버지의 신위(神位)를 합하여 5묘로 한 것이다.

그리고 제37대 선덕왕 대에 이르러 제후는 천지신과 천하의 명산대천(名山大川)에는 제사를 지낼 수 없으므로 사직과 국내에 있는 명산대천에 제사를 지내게 되었다.

다만 이와 같은 제사 제도의 변화는 중국의 유교적 예제에 따른 것인데도 공자를 모시는 석전 의례에 대해서는 언급이 없다. 오히려 국가에 중대한 일이 있을 때는 황룡사(皇龍寺)와 같은 사찰에서 국가적 의례를 지내기도 하여 유교적 의례와 불교적 의례가 모두 국가 의례로 행해졌다는 것을 알 수 있다.

그리고 명산대천에 대한 제사를 대사와 중사 및 소사로 나누어 구분하고 있어 산천에 대한 제사를 매우 중요시하였다는 것도 알 수 있다. 사성문제(四城門祭), 사천상제(四川上祭), 일월제(日月祭), 기우제(祈雨祭), 사대도제(四大道祭) 등 도교의 신들에게도 제사를 지낸 것 또한 확인할 수 있다.

08

김유신은 왜 그 많은 기도를 올렸을까?

적국이 무도하여 이리와 범이 되어
우리 강역을 침범하여 거의 평안한 해가 없습니다.
저는 한낱 미약한 신하로서
재주와 힘을 헤아리지 않고
환란을 소멸하고자 하는 뜻이 있으니
하늘이 굽어살피시어 저에게 능력을 빌려주십시오.

– 김유신조, 「열전」 제1, 『삼국사기』 권41

신라의 장군 김유신은 15세에 화랑이 되었으며, 그를 따르는 낭도들을 용화향도(龍華香徒)라고 불렀다. 당시에 화랑은 승려 낭도 1명과 낭도 몇백 명을 거느렸는데, 용화향도는 미륵을 좇는 무리라는 뜻으로 불교의 미륵불과 연관이 있었다.

'용화'는 미래불인 미륵이 후세에 인간세계에 하생한 후 인연이 있는 사람들에게 용화수 아래에서 세 번의 설법을 행한다는 데서 유래한 말이며, '향도'는 불교 신앙 단체를 이른다. 이는 김유신이 불교의 미륵신앙을 신봉하였다는 것으로, 스스로가 미륵불로 인식되는 미륵하생(彌勒下生) 신앙을 엿볼 수 있다.

『삼국사기』의 열전은 총 10권으로 50명이 입전되었고, 부기한 사람까지 모두 86명의 인물이 언급되어 있다. 김유신은 충군 애국의 표상으로 열전 10권 중 앞의 1~3권을 차지한다.

공의 나이 15세에 화랑이 되었는데, 당시 사람들이 흔쾌히 복종하였으며, 그의 낭도들을 용화향도라 불렀다. 진평왕 건복 28년 신미에 그의 나이 17세였는데,

고구려와 백제 및 말갈이 국경을 침범하는 것을 보고 비분강개하여 적들을 평정할 뜻을 품었다. 혼자 중악 (中嶽) 석굴에 들어가 재계하고 하늘에 고하여 맹세하기를 "적국이 무도하여 이리와 범이 되어 우리 강역을 침범하여 거의 평안한 해가 없습니다. 저는 한낱 미약한 신하로서 재주와 힘을 헤아리지 않고 환란을 소멸하고자 하는 뜻이 있으니 하늘이 굽어살피시어 저에게 능력을 빌려주십시오"라고 하였다.

- 김유신조, 「열전」제1,『삼국사기』권41

진평왕 33년 신미(611) 김유신은 17세의 나이로 고구려와 백제 및 말갈이 국경을 침범하는 것을 보고, 이들을 물리칠 뜻을 품어 중악에 있는 석굴에 들어가 하늘에 기도하였다. 기도한 내용을 보면 미약한 신하로서 재주와 힘이 부족하므로 천지신명(天地神明)께서 능력을 빌려주기 바란다는 이야기이다.

이러한 우국충정(憂國衷情)은 국가를 사랑하는 마음과 임금에게 충성하는 유교적 가치에서 비롯한 것이며, 한편으로는 천신과 지기 등 토착신앙적인 모습도 보이고 있다. 이

후 이어지는 이야기에서는 갈색 옷을 입은 난승(難勝)이라
는 노인이 나타나 비법을 전해주고 사라지는데, 이 노인은
도교적인 분위기를 풍기고 있다.

다음 해에 김유신이 열박산에 들어가 천신에게 맹세하
였더니 천관신(天官神)이 빛을 내려 보검에 신령스러운 기
운을 북돋아 주었다. 천관신은 도교에 천관·지관·수관 등
3관신의 하나이다. 따라서 그가 화랑도의 유·불·선 융화
의 '풍류도' 수련을 하였다는 것을 알 수 있다.

당 용삭 원년(661) 신라의 병사들이 모두 백제의 부흥운
동군을 토벌하러 갔을 때도 김유신은 불교와 천신신앙 모
두의 도움을 받았다. 고구려 말갈병과 함께 북한산성을 포
위하였을 때 그는 중과부적으로 사람의 능력으로는 물리
칠 수 없는 것을 알고 천신의 음조(陰助)를 구하였다. 이에
절에 가서 제단을 설치하고 기도하여 이를 물리칠 수 있었
다고 한다.

한편 고구려와 싸우던 당나라 군대가 보급품이 떨어져
신라에 도움을 요청하였을 때도 김유신은 자청하여 고구
려 지역의 당군에게 보급품을 전달하는 책임을 맡았다. 이
는 고구려 지역에 잠입하여 임무를 행하여야 하므로 목숨

을 걸고 성사하여야 성공할 수 있는 상황이었다.

김유신은 절의 위패를 모신 영실(靈室)에 들어가 여러 날 기도를 하고 나서 "이번 길에 죽지 않을 것이다"라고 선언하고 임무를 수행하였다. 이때 원효대사는 군종 승려로 종군하였는데 당나라 장수 소정방(蘇定方)이 보낸 비밀문서를 해독하였다. 이에 신라군이 빠르게 빠져나옴으로써 임무를 성공적으로 수행할 수 있었다. 불심으로 기도를 하고, 불교 승려의 도움으로 전쟁의 승리를 가져올 수 있었다는 것이다.

문무왕 13년(673) 봄에는 요사스러운 별이 나타나고 지진이 있자 대왕이 우려하였는데, 이에 김유신은 "근자의 변고는 그 액운이 늙은 저에게 있으며, 나라의 재앙이 아니니 대왕께서는 염려하지 마소서"라고 하였다. 이에 왕은 "만약 그렇다면 과인이 더욱 우려할 바이다" 하고, 담당 관리에게 명하여 기도하여 물리치도록 하였다.

여름 6월에는 간혹 군복을 입고 무기를 든 이들 수십 명이 김유신의 집에서 울며 떠나 조금 후 사라지는 것을 사람들이 보았으니, 이를 들은 그가 "이것은 필시 나를 보호하던 음병(陰兵)들이 나의 복이 다한 것을 알고 그 때문에 떠

난 것이니 내가 이제 죽겠구나"라고 하였다. 도교적 세계
관이 엿보이는 대목이다.

7월 1일 사저의 정침에서 사망하니 향년 79세였는데 금
산원에 장사를 지내고 비를 세워서 유신의 공을 기리도록
하였다. 그런데 여기에서 김유신의 사망을 임금이 사망하
였을 때 사용하는 '훙(薨)'으로 표현하고 있다는 점이 흥미
롭다. 이는 그가 '흥무대왕(興武大王)'으로 추봉되었기 때문
일 것이며, 열전에서 가장 중요시한 가치인 '충성'을 다한
인물에 대한 김부식의 예우가 담긴 표현으로 보인다.

현세는 유교로,
내세는 불교로

제가 듣기로는
불교는 세속을 떠난 가르침이라 하니,
저와 같은 세속의 사람이
어찌 불교를 공부하겠습니까?
유학의 도를 배우고자 합니다.

　　　　– 강수조, 「열전」 제6, 『삼국사기』 권46

『삼국사기』「열전」에는 장군들과 재상들이 입전되어 있는
데, 제6에는 강수와 설총 및 최치원 등 유학자들에 대한 내
용이 기록되어 있다. 강수는 중원경 사량 사람인데 원래 가
야인으로 가야가 멸망하면서 신라인이 되었다. 그의 삶을
통해서도 당시 신라의 유교와 불교의 관계를 엿볼 수 있다.

강수는 자라면서 스스로 책을 읽을 줄 알아 그 뜻을 환
하게 통달하였다. 아버지가 그의 뜻을 알아보고자 하
여 물었다. "너는 불교를 공부하겠느냐? 유학을 공부
하겠느냐?" 대답하기를 "제가 듣기로는 불교는 세속
을 떠난 가르침이라 하니, 저와 같은 세속의 사람이 어
찌 불교를 공부하겠습니까? 유학의 도를 배우고자 합
니다"라고 하여 그렇게 하도록 하였다.
마침내 스승을 찾아 『효경(孝經)』, 「곡례(曲禮)」, 『이아
(爾雅)』, 『문선(文選)』 등을 읽었다. 배워 들은 바는 적지
만 가까운 것들이나 스스로 깨닫는 바는 한층 높고 심원
하여서 탁월한 당대의 영걸이 되었다. 마침내 벼슬길에
올라 관직을 두루 거쳐 당시의 유명한 인물이 되었다.
　　　　　　　　　－ 강수조, 「열전」 제6, 『삼국사기』 권46

강수가 책 읽기를 좋아하고 공부를 잘하여 아버지는 불교와 유학 중에 어떤 공부를 할 것인지 묻는다. 강수는 불교는 세속을 떠난 가르침이므로 세속의 가르침인 유학을 공부하겠다고 대답하였다. 그리고 효의 원칙과 규범을 수록한 유학의 경전인『효경』, 예법을 총괄한『예기』중의 한 편인「곡례」, 문자의 뜻을 고증하고 설명하는 사전인『이아』, 중국 역대 왕조의 대표적인 시문을 엮은『문선』등을 읽었다. 그러나 다른 이에게 배워서 아는 것보다 스스로 깨달은 바가 더 많아 문명을 떨치고 여러 관직을 거쳐 유명 인사가 되었다.

그러자 강수의 아버지는 혼인 전에 정을 통한 강수의 부인이 미천하고 가난한 집의 딸이라 아들의 장래를 걱정하였다. 아버지가 양가의 규수에게 장가를 보내려 하자 그는 가난하고 신분이 천한 것은 부끄러운 것이 아니며, 성현의 말씀을 그대로 실천하지 않는 것이 부끄러운 일이라고 하였다. 그러면서 '조강지처 불하당(糟糠之妻 不下堂)'이라는 고사성어를 빗대어 조강지처를 버리지 않았다.

한편 무열왕이 강수에게 당나라의 사신으로부터 받은 조서 중에 해독하기 어려운 부분을 불러 묻자, 그는 한번 보고는 막힘 없이 해석하였다고 한다. 이를 본 왕은 그를 소중하게 여겼다. 또한 왕이 그에게 당나라 황제의 조서에 감사하는 회신의 표문을 짓게 하였는데, 그 문장이 매끄럽고 뜻이 깊어서 더욱 기특하게 여겼다.

문무왕 또한 "강수가 문장에 관한 일을 담당하여 중국 및 고구려와 백제 두 나라에 우리 뜻을 잘 전달하여 우호를 맺고 공을 이룰 수 있었다. 선왕께서 당나라에 군사를 요청하여 고구려와 백제를 평정한 것은 군사적 공로가 중요하였지만 강수의 공로도 그에 못지않다"라고 칭찬을 아끼지 않았다. 더불어 강수의 벼슬을 승진시키고 녹봉을 올려주었다.

이후 강수가 신문왕 대에 사망하니 장례에 드는 물자를 나라에서 제공하였는데, 부의(賻儀)로 준 의복과 옷감을 집안사람들이 사사로이 가지지 않고 모두 불공을 드리는 데 바쳤다고 한다. 이는 그가 유학을 공부하였지만 그 집안의 종교는 불교라는 것을 보여준다. 현실에서 관직생활을 하고, 실제 가정생활을 하는 데는 유교적 가치에 따르지만, 내세에 대한 염원은 불교적 가치에 따라 움직였다는 것을 확인할 수 있다.

강수의 부인이 생활이 어려워 고향으로 돌아가려 하자 왕이 곡식을 내려주었으나 거절하며 "제가 미천한 몸으로 먹고 입는 것을 남편을 따라 하다 보니 나라의 은혜를 입은 것이 많습니다. 이제 홀로 되었는데 어찌 감히 다시 두터운 대우를 받겠습니까" 하고, 끝내 받지 않고 고향으로 돌아갔다고 한다.

그 남편에 그 아내라는 것을 보여주듯, 현실에서는 유교적 가치에 따라 청빈하고 소박하게 생활하였다는 것을 알 수 있다. 반면에 죽고 나서는 각종 복식과 옷감을 절에 희사하여 유교적 삶을 불교의 의례로 회향한 것이다.

그렇기에 김부식은 지난 역사를 돌아보며 그 자신은 불교 신자이면서도 불교의 폐해를 비판하고, 불교 의례로 인하여 신라가 멸망하였다고 논한 것 같다.

유학의 종주가 된
원효대사의 아들

설총은 본래 슬기롭고 명민하여
나면서부터 도술(道術)을 알았고,
신라말로 9경(九經)을 읽어서 후학들을 가르쳤으며
지금까지도 배우는 이들이
그를 종주(宗主)로 받들고 있다.

— 설총조, 「열전」제6, 『삼국사기』권46

신라의 원효대사는 승려로서, 불경에 해박하였으나 요석공주와의 사이에서 아들 설총을 낳고, 환속하여 스스로를 소성거사(小性居士)라 하였다. 이에 대한 자세한 이야기가 『삼국유사』의 원효불기조에 실려 있다.

원효대사가 하루는 미친 듯이 거리에서 노래를 부르기를 "누가 자루가 없는 도끼를 허락할 것인가. 내가 하늘 고일 기둥을 찍을 터인데"라고 하였다. 사람들이 그 뜻을 알지 못하였는데 이때 무열왕이 이를 듣고 이르기를, "이 스님이 아마도 귀한 부인을 얻어 현명한 아이를 낳겠다고 말하는 것이다. 나라에 큰 인물이 있으면 그 이익이 막대할 것이다"라고 하였다. 이때 요석궁(瑤石宮)에 과부가 된 공주가 있었는데 왕이 궁중의 관리에게 칙명을 내려 그를 찾아 데리고 들어오라고 하였다.

궁중의 관리가 칙명을 받들어 원효대사를 찾고자 나섰는데, 그가 남산으로부터 와서 문천교를 지나 관리를 만났다. 그가 일부러 물에 빠져서 옷을 적시니, 관리들이 그를 궁궐로 데려와 옷을 갈아입히고 말리게 하여 이 때문에 궁궐에 묵게 되었다. 그 후 공주가 임신을 하여 설총을 낳았다고 한다. 당시 불교의 최고 지도자인 그가 유교를 숭상하는 무열왕의 공주와 인연을 맺어 유교의 종주인 설총을 낳았다는 것은 유교와 불교의 융합을 잘 보여준다.

> 설총의 자는 총지(聰智)이며, 할아버지는 담날(談捺) 나마(奈麻)이다. 아버지 원효는 처음에 승려가 되어 불경에 해박하였으나, 나중에 환속하여 스스로를 소성거사라 하였다. 설총은 본래 슬기롭고 명민하여 나면서부터 도술(道術)을 알았고, 신라말로 9경(九經)을 읽어서 후학들을 가르쳤으며 지금까지도 배우는 이들이 그를 종주(宗主)로 받들고 있다.
>
> – 설총조, 「열전」 제6, 『삼국사기』 권46

설총의 할아버지 관등은 나마였는데, 이로 보아 신분은 6두품에 해당한다는 것을 알 수 있다. 설총은 나면서부터 슬기롭고 명민하였다. 신라말로 9경과 문학을 훈독하여 후학들을 가르쳤으며, 그러한 향찰을 경학을 전문으로 하는 사람들이 전수하여 고려시대에도 유학 경전을 읽는 데 사용되었다. 경서와 역사에 두루 통달하였던 그는 신라 10현의 하나가 되었고, 유학의 종주로 숭앙받았다.

더구나 설총은 도술을 알았다고 하는데, 도술은 도교의 방술을 뜻하므로 그가 유교와 불교뿐만 아니라 도교에도 능통하였다는 것을 알 수 있다. 그가 지은 「감산사아미타여래조상기(甘山寺阿彌陀如來造像記)」를 보면 불교와 도교에 대한 내용이 많이 나타나 있다.

한편 설총의 자손 설중업이 일본에 사신으로 갔을 때 일본의 재상이 그에게 시를 지어주었는데, 그 시가 고려시대까지 전하였다고 한다.

시의 서문에는 "일찍이 원효거사가 지은 『금강삼매경론(金剛三昧經論)』을 본 적이 있으나 그 지은이를 직접 만나보지 못한 것을 한스럽게 여겼는데, 신라 사신 설 씨가 바로 원효대사의 친손자라 하니 비록 그 할아버지를 보지 못하였으나 그 손자라도 만난 것을 기쁘게 여겨 이에 시를 지어드린다"라고 하였다. 설총과 손자 설중업은 유학자이면서 관리를 지냈으나 승려인 원효대사의 자손이기 때문에 특별 대우를 받은 것이다.

『삼국유사』의 원효불기조에 따르면 원효대사가 입적하자 설총은 그 유해를 부수어 형상을 진흙으로 빚은 후 분황사에 안치하고, 돌아가신 아버지에 대한 공경과 사모의 마음을 표현하였다고 한다. 이때 그가 옆에서 예배를 드리니 진흙으로 빚은 소상(塑像)이 홀연히 돌아보았다고 전하는데, 이러한 신비스러운 감응을 유학자인 그가 경험하고 기록으로 남겨놓은 것이다.

또한 원효대사가 살던 혈사(穴寺) 옆에 설총의 집터가 있었다고 하므로 설총의 효성은 그만큼 지극하였던 것 같다. 불교 승려인 원효대사는 유학의 경전에 조예가 깊었으며, 유학자인 설총은 불교에 대한 이해가 매우 깊었다는 것을 알 수 있다.

『삼국사기』는 유학자인 김부식이 편찬 책임을 맡은 역사서로, 유교적인 정치이념에 근거하여 충성과 효도를 강조한 내용들이 많다. 그러나 유교를 중심으로 하면서 불교와 도교에 대한 충돌과 융합에 대한 기록도 남겼기에 당시의 사상적 흐름 또한 엿볼 수 있다.

결국 신라는 유교와 불교 및 도교 어느 하나에 치우치지 않고, 삼교를 잘 융화시킴으로써 통일을 이룰 수 있었다. 유·불·선의 융합을 이룬 신라가 고구려와 백제를 물리치고 삼국통일을 이룬 것이다.

PART 4

일연 『삼국유사』

민족의식을 일깨운
화합과 통합의 가치

일연 1206~1289

한국 고대사 연구의 기초인 『삼국유사』를 펴낸 고려의 승려.

20년이 넘는 기간을 보당암, 무주암, 묘문암 등 비슬산의 여러 암자에 주석하며 수행하였으며, 41세에 깨닫고 선사의 법계를 제수받았다. 44세가 되던 고종 36년(1249)에 당시 재상이었던 정안(鄭晏)의 초청으로 경남 남해의 정림사(定林寺)에 주석하여 몽골군의 침략을 극복하기 위한 대장경 간행에 참여하였다.

원종 2년(1261) 무신정권 붕괴 후 왕정이 복고되면서 당시 수도였던 강화도 선월사(禪月寺)의 주지가 되어 지눌(知訥)의 법통을 계승하였다. 중앙 정계와 관련을 맺게 된 이후에는 이를 배경으로 가지산문의 근거지인 경상도 지역의 여러 사찰에 주석하면서 가지산문의 재건에 노력하였다.

충렬왕 3년(1277) 왕명을 받아 72세의 나이로 청도 운문사(雲門寺)의 주지가 되었는데 이때부터 본격적으로 『삼국유사』와 관련된 자료를 모으기 시작하였다. 동왕 9년(1283)에 나이 78세에 이르러서는 왕에 의하여 최고의 승직인 '국사'로 추대되었다. 그러나 79세가 되던 이듬해, 노모가 병이 들자 봉양을 위하여 경북 군위의 인각사를 하산소로 삼아 주석하였으며, 84세 나이로 입적할 때까지 『삼국유사』를 정성을 다하여 집필하였다.

01

우리 시조가 알에서 나오면
안 될 이유가 무엇인가?

삼국의 시조가 모두 신이한 데서
나왔다고 하여도 무엇이 괴이하겠는가?
이 「기이」편을 이 책의 처음에
실은 뜻이 여기에 있다.

– 서문, 제1 「기이」편, 『삼국유사』권1

고려 전기 귀족 중심의 사회에서 유학자 김부식이 편찬한 『삼국사기』와 달리, 고려 후기 몽골 간섭기에 승려 일연이 편찬한 『삼국유사』는 민족의 혼을 일깨우고자 민족 구성원 모두의 단합과 사상적 융합을 담아냈다.

『삼국유사』는 신비로운 현상을 역사로 다루는 신이사관(神異史觀)에 입각한 역사서인 동시에 불교문화사라는 양면적 성격을 가지고 있다. 그런데 불교적인 내용뿐만 아니라 유교의 충효사상과 도교의 은일사상(隱逸思想)을 함께 수록하고, 한국 고유의 토착신앙에 대한 내용 또한 남겨 한국의 사상과 문화의 특징인 유·불·선의 융화를 잘 보여주고 있다.

일연은 『삼국유사』의 상당한 분량을 신이한 일을 기록하는 데 할당하였다. 이를 기록한 「기이」편은 비록 『삼국유사』 전체 9편 중 2편에 지나지 않지만, 양으로는 전체의 절반가량에 이른다.

또한 「기이」 편뿐만 아니라 다른 편들도 이와 같은 원칙에 의하여 저술하고 있으므로 주제가 달라지더라도 서술의 대원칙은 같다. 일반 사화(史話) 중에서 신이한 것을 기록한 것이 「기이」 편이고, 불교 사화 중에서 신이한 것을 기록한 것이 다른 편목들이라고 할 수 있다.

앞서 이야기하였듯 일연은 고려 원나라 간섭기에 민족의식을 고취하고자 『삼국유사』를 찬술하였다. 「기이」편에서는 맨 앞에 고조선조를 두고, 소위 단군신화를 수록하여 고조선의 시조 단군의 출현을 이야기하였다. 환인이 아들 환웅을 인간세계에 내려 보내 농경생활을 하게 하고, 환웅이 곰과 범에게 마늘과 쑥을 주어서 사람이 되게 하였으니, 웅녀와 결혼하여 낳은 단군이 고조선을 건국하였다는 그 신화이다.

다섯 권으로 편성되어 있는 『삼국유사』는 각 권의 내용과 그 내용의 전거를 원래 모습 그대로 남기고 있어 『삼국사기』보다 뒤에 편찬되었지만 사료적 가치는 오히려 크다고 하겠다. 『삼국유사』를 편찬한 목적은 「기이」편의 서문에 보다 잘 나타나 있다.

서문에 이른다. 대체로 옛날 성인은 예악으로서 나라를 일으키고 인의로써 가르침을 베푸는 데 있어 괴력난신(怪力亂神)을 말하지 않았다. 그러나 제왕이 장차 일어나려고 할 때는 부명(符命)에 응하고, 도록(圖錄)을 받았으니 반드시 남과는 달랐다. 그러한 후에야 능히

큰 변화를 타고서 제왕의 지위를 차지하여 큰일을 이
룰 수가 있었다. … 그렇다면 삼국의 시조가 모두 신
이한 데서 나왔다고 하여도 무엇이 괴이하겠는가? 이
「기이」편을 이 책의 처음에 실은 뜻이 여기에 있다.
— 서문, 제1 「기이」 편, 『삼국유사』 권1

연표인 「왕력」편을 제외한다면 문장으로 서술된 『삼국
유사』의 첫 편은 「기이」편이다. 일연은 「기이」편 첫머리
에 있는 서(敍)에서 본편을 엮은 취지를 밝히고 있다. 그는
우선 『논어』에서 공자가 괴력난신을 말하지 않은 것에 대
하여 비판하였다. 괴력난신을 말하지 않는다는 것은 초인
간적인 힘에 의한 역사의 발전을 믿지 않고, 인간의 도덕적
행실에 의하여 국가의 흥망이 좌우된다고 믿는 것이다.

그와 달리 일연은 국가의 흥망에 초인간적인 힘의 작용
이 있다는 것을 믿었으며 거기에 해당하는 중국의 사례들
을 열거하였다. 중국의 고전을 보면 중국의 삼황오제와 주
나라와 한나라 시조의 탄생이 모두 괴력난신에 의하여 이
루어졌으므로 우리나라의 역사 또한 시조들의 탄생에 대
해서는 괴력난신을 이야기할 수 있다는 것이다.

따라서 일연은 김부식이 지은 『삼국사기』에서 제외된 고조선과 동부여 및 북부여의 신화를 비롯하여 고구려와 백제 및 신라의 시조의 신화에 대하여 자세히 언급하겠다는 의지를 보이고 있다. 이미 고려 후기에 이규보가 『구삼국사』를 보고 「동명왕편」을 지었는데, 일연은 그 이전에 존재하였던 고조선과 북부여 및 동부여의 시조에 대해서도 언급을 하겠다는 것이다.

오늘날의 표현대로 한다면 일연은 '세계사적 보편성'에 기대어 말하려고 하는 것이다. 결국 그 시대에 잘 알려진 중국의 역사처럼, 고구려와 백제 및 신라 삼국의 시조 역시 신이한 데서 나왔다고 이상한 일이 아니라는 뜻이다. 이로써 우리는 신이한 일을 기록한다는 「기이」라는 편명의 의미를 알 수 있다.

발해를 우리의 역사로 명확히 인식하다

선천(先天) 연간에 비로소 말갈이라는
이름을 버리고 오직 발해로만 불렀다.
개원(開元)에 조영이 죽으니
시호를 고왕(高王)이라고 하였고,
세자가 왕위를 이어받자
명황(明皇)이 그를 책봉하여 왕위를 잇게 하였는데
사사로이 연호를 고치고
마침내 해동성국(海東盛國)이 되었다.

– 말갈 발해조, 제1 「기이」 편, 『삼국유사』 권1

『삼국사기』가 신라와 고구려 및 백제 삼국의 역사를 언급하고 있는데 반하여, 『삼국유사』가 삼국의 역사 이외에 고조선과 부여 및 발해의 역사 또한 다룬다는 점은 큰 의미를 지닌다. 이들의 역사는 한반도의 북부와 만주 지역에 대한 귀중한 자료로서, 「기이」편에서 말갈 발해조로 편목을 하였다는 점이 발해사를 한국사로서 인식하고 있다는 것을 보여주기 때문이다.

『통전(通典)』에 이르기를 발해는 본래 속말말갈(粟末靺鞨)로 추장 조영(祚榮)에 이르러 나라를 세워 스스로 진단(震旦)으로 불렀고, 선천(先天) 연간에 비로소 말갈이라는 이름을 버리고 오직 발해로만 불렀다. 개원(開元)에 조영이 죽으니 시호를 고왕(高王)이라고 하였고, 세자가 왕위를 이어받자 명황(明皇)이 그를 책봉하여 왕위를 잇게 하였는데 사사로이 연호를 고치고 마침내 해동성국(海東盛國)이 되었다. 그 땅에는 5경 15부 62주가 있었다. 후당의 천성(天成) 초에 거란이 이를 공격하여 깨뜨리니 그 후에는 거란에 의하여 지배되었다.

　　　　　　 − 말갈 발해조, 제1「기이」편, 『삼국유사』권1

승려 일연은 중국의 사서인 『통전』을 인용하며 발해의 추장이 대조영이라는 것을 밝히고, 그 이후 왕위가 이어졌다는 사실과 마침내 해동성국이 되었다고 기록하고 있다. 이는 발해가 옛 고구려 지역에 고구려의 후예들과 말갈족이 함께 건설한 국가로서, 고구려를 계승하였다는 중요한 사실을 전한다. 또한 발해국왕(渤海國王)으로 책봉하였다는 것은 그 당시 동아시아에서는 일반적인 현상으로 동아시아 세계의 일원이 되었다는 것을 의미한다.

5경 15부 62주가 있었다는 대목에서는 발해가 독자적인 통치체제를 갖추고 있었다는 것을, 거란에 의하여 지배받게 되었다는 것에서는 그 이전에 어느 누구의 지배도 받지 않았다는 것을 알 수 있다.

여기에 「군국지(郡國志)」를 인용하여 발해의 압록, 남해, 부여, 추성 4부가 모두 고구려의 옛 땅이며, 신라의 천정군으로부터 추성부에 이르기까지 39개의 역이 있었다는 것을 분명히 기록하고 있다.

이를 통하여 신라와 국경을 맞대고 대립하고 있던 양상을 엿볼 수 있는데, 남쪽의 통일신라와 북쪽의 발해가 대립하던 이 시기를 남북국시대라고 부르는 것도 이 때문이다.

발해에서도 통일신라와 마찬가지로 불교가 지배적인 신앙으로서 왕실과 귀족을 중심으로 성행하였다. 왕명을 문왕(文王)과 무왕(武王) 등 대개 유교적 덕목으로 명명하였던 것과 달리, 문왕은 자신을 효감금륜성법대왕(孝感金輪聖法大王)으로 일컬어 유교와 불교를 아울렀다.

여기에서 효감이란 효행의 덕이 신인을 감동시켰다는 의미로 유교적인 덕행을 가리킨다. 금륜은 금륜성왕의 약어로서 측천무후를 모방하여 불교의 전륜성왕을 표방한 것이며, 성법왕은 세자재왕불(世自在王佛)을 의미한다. 이처럼 유교적 덕목과 불교적 명칭을 융합하였던 것이다.

지금까지 확인된 절터만 수십 곳에 이르는데 수도였던 상경에서 발굴된 10여 곳의 절터와 불상은 발해의 불교가 크게 융성하였다는 것을 보여준다. 발해의 상경과 동경에서 발견된 절터에서는 고구려 양식을 계승한 것으로 보이는 불상이 발굴되기도 하였다. 이러한 불교적 요소는 무덤 위에 탑을 세우는 탑장(塔葬)을 지낸 것에서도 엿볼 수 있다.

또한 문왕의 둘째 딸인 정혜공주와 넷째 딸인 정효공주의 비문이 남아 있는데, 공주들을 묘사하면서 "무산(武山)에서 영기(靈氣)를 이어받고, 낙수(洛水)에서 신선(神仙)에 감응하였다"라거나 "여도사(女道師)에게 가르침을 받았다"
고 한 것을 통하여 신선사상을 숭배하였으며 도교적 수련
을 받은 것을 알 수 있다.

한편 정혜공주와 정효공주의 비문에 유교 경전을 비롯
하여 중국의 역사서들이 인용되어 있으므로, 이를 통하여
당시에 이미 유교 문화 수준이 상당하였다는 것도 알 수
있다. 중앙통치 제도 중 6부의 명칭 또한 충(忠)·인(仁)·의
(義)·지(智)·예(禮)·신(信) 등 유학의 덕목으로 명명할 만큼
유교적 가치를 중요하게 여겼다.

또한 발해는 유학을 목적으로 주자감(胄子監)을 설립하
여 귀족 자제에게 유교 경전을 가르쳤으며, 당나라에 유학
생을 파견하여 빈공과에 급제한 사람을 상당수 배출하였
다. 이 중에는 수석 합격자도 있었다. 여기에 수시로 당나
라에 사신을 파견하여 불교와 유교 및 도교 경전을 받아들
여 삼교를 수용하였다.

피리를 불어
통일신라의 건국을 알리다

왕께서 이 대나무를 가지고 피리를 만들어 불면
천하가 화평할 것입니다.

– 만파식적조, 제2「기이」편,『삼국유사』권2

삼국통일 이후 신라는 통합의 정당성을 강화하기 위하여, 나라를 하나로 묶는 이념을 필요로 하였다. 유교, 불교, 도교와 더불어, 민간신앙과 설화, 신화 역시 당대 이념의 형성에 큰 역할을 끼쳤다. 특히 '만파식적(萬波息笛)' 설화는 통일신라 통합의 의미를 담고 있으며, 문무왕의 신성성을 확인하는 신화이자 동시에 만파식적으로 상징되는 국가 안녕과 새로운 통치이념을 제시하는 신화로서의 의미가 있다.

『삼국유사』의 「기이」 편에서는 삼국통일 이후 왕들을 중심으로 한 신이한 이야기도 다루는데, 만파식적조도 바로 「기이」 편에 실려 있다. 여기에는 신문왕이 즉위 원년 (681) 삼국통일을 이룬 문무왕을 위하여 동해 입구에 감은사를 창건한 사실과 함께 신문왕이 감은사에 행차하였을 때 '만파식적'을 얻어 천존고(天尊庫)에 간직하였다는 이야기가 담겨 있다.

사실 이 설화는 일정 부분 한계를 보이기도 한다. 새로운 통일국가의 안녕을 기원할 뿐, 국가의 새 구성원으로서 백제나 고구려의 유민들을 통합할 만한 사회적 질서체제는 제시하지 못하였기 때문이다.

왕이 배를 타고 그 산에 들어가니, 용이 흑옥대(黑玉帶)를 가져다 바쳤다. 왕이 영접하여 함께 앉아서 묻기를 "이 산과 대나무가 혹은 갈라지기도 하고 혹은 합해지기도 하는 것은 무엇 때문인가?"라고 하였다. 용이 대답하기를 "이것은 비유하자면 한 손으로 치면 소리가 나지 않고 두 손으로 치면 소리가 나는 것과 같으니, 이 대나무라는 물건은 합한 후에야 소리가 납니다. 성왕께서 소리로써 천하를 다스릴 좋은 징조입니다. 왕께서 이 대나무를 가지고 피리를 만들어 불면 천하가 화평할 것입니다."

– 만파식적조, 제2「기이」편,『삼국유사』권2

신문왕은 감은사를 창건한 이듬해 동해 가운데 작은 산 하나가 물에 떠서 감은사를 향하여 온다는 이야기를 듣고, 일관(日官)에게 점을 치도록 하였다. 이에 일관은 문무왕이 바다의 용이 되어 삼한을 수호하고 김유신도 도리천의 한 아들로서 수미산 꼭대기에 자리 잡았는데, 도움을 주고자 나라를 지킬 큰 보배를 내려주려고 한다며 해변으로 가면 얻을 것이라고 하였다. 왕이 이견대로 행차하였다.

그런데 그곳에서 신이한 자연현상이 발생하여 왕이 배를 타고 그 산에 들어가니, 용이 흑옥대를 바쳤다. 그러면서 이 대나무를 가지고 피리를 만들어 불면 천하가 화평하게 될 것이라고 하자, 왕이 사자를 시켜 대나무를 베어 바다에서 나왔다.

왕은 행차에서 돌아와 그 대나무로 피리를 만들어 월성의 천존고에 간직하였는데 과연 피리를 불면 적병이 물러가고 병이 나으며, 가뭄에는 비가 오고 장마는 그치며, 바람이 잦아지고 물결이 평온해져 '만파식적'이라고 불렸다.

이 설화는 마치 새로운 나라를 건국하는 의미와 같아서 신라를 재조(再造)하는 건국신화 같은 성격을 보이고 있다. 문무왕은 바닷속의 큰 용이 되고 김유신은 다시 천신이 되어, 두 성인이 같은 마음으로 이처럼 값을 매길 수 없는 보배를 보내주었다는 것이다. 적병을 물리치고, 병을 치료하며, 비와 바람을 주관하였으니 '만파식적'이라 부르고 국보로 삼았다는 이야기이다.

신라 중고기(中古期)의 삼보(三寶)는 황룡사 9층목탑과 황룡사 장육존상 및 천사옥대였다. 이를 대체할 만한 새로운 보배로서의 '만파식적'은 유교적인 통치이념을 가진 무

196

열왕권의 정당성과 신성성을 높히고 신라 중대(中代)의 시작을 알리는 의미를 갖는다.

이처럼 만파식적 신화는 문무왕의 신성성을 확인하는 동시에 토착신인 천신과 용신을 등장시켜 '만파식적'으로 상징되는 국가의 안녕과 새로운 통치이념을 단적으로 제시하고 있다. 이로써 통일신라의 건국이라는 의미를 보여주는 것이다. 만파식적은 유교적 통치이념을 강조하면서 기존의 토착신앙을 배제하지 않고 융화하고자 하는 상징물이라고 볼 수 있다.

본래 고구려, 신라, 가야의 건국신화가 모두 천강신화(天降神話)와 난생신화(卵生神話)의 복합으로 기록되어 있었던 것과 달리, 여기에서는 천강신화와 용신신화(龍神神話)가 융합되어 있는 것도 특징이다. 용신은 수신과 연결되어 있으며, 이는 중국이나 일본 등 해외 세력의 도전과 이에 대한 응전의 의미가 있다고 하겠다. 신라의 영역이 육지에 국한되는 것이 아니라 한반도 삼면의 바다를 포함한다는 의미로, 그만큼 해양의 중요성을 강조하고 있다.

이차돈은 왜
불교를 위해 죽었을까?

옥리가 그의 목을 베었는데,

흰 젖과 같은 피가 한 길이나 솟아올랐다.

하늘은 사방이 침침하고

석양의 빛이 어두워졌으며,

땅이 진동하면서 비가 꽃처럼 나부끼며 떨어졌다.

– 원종흥법 염촉멸신조, 제3 「흥법」 편, 『삼국유사』 권3

고구려와 백제에서 불교의 전래, 수용, 공인의 과정이 순조롭게 이루어졌던 것과 달리, 신라에서는 여러 우여곡절이 많았다. 이는 『삼국유사』에 실린 이차돈 순교 설화를 통하여 자세히 알 수 있다. 『삼국유사』의 「흥법」 편은 고구려와 백제 및 신라의 불교 전래와 수용 및 공인 과정에 대한 이야기와 함께 삼국의 불교 발전 과정에 대한 내용으로 구성되어 있다.

「흥법」 편 원종흥법 염촉멸신조에서는 『삼국사기』의 「신라본기」를 인용하여, 하급 관리인 염촉[이차돈]이 불교 공인을 위하여 순교한 사실을 구체적으로 전하고 있다.

이에 대왕은 일부러 위엄 있는 모양새를 갖추어 동서로는 바람과 같은 칼을, 남북으로는 서리 같은 병장기를 벌여놓고서 군신들을 불러 "경 등은 내가 절을 짓고자 하는데도 고의로 지체시키고 있는가?"라고 물었다. 이때 군신들은 전전긍긍하며 황급히 맹세하고 손가락으로 동서를 가리켰다. 왕이 염촉을 불러 그것을 문책하니 그는 낯빛이 변하며 대답이 없었다. 대왕이 분노하여 그의 목을 베라고 명하고, 관원이 그를 묶어

관아에 이르렀다. 염촉이 발원하고 소원을 비니 옥리가 그의 목을 베었는데, 흰 젖과 같은 피가 한 길이나 솟아올랐다. 하늘은 사방이 침침하고 석양의 빛이 어두워졌으며, 땅이 진동하면서 비가 꽃처럼 나부끼며 떨어졌다.

 – 원종홍법 염촉멸신조, 제3「홍법」편,『삼국유사』권3

외래종교인 불교를 일으켜 왕권을 강화하고자 한 법흥왕과 달리, 전통적으로 천신이나 산신을 숭배하여 토착신앙을 신봉하던 귀족들은 불교의 공인을 반대하였다. 귀족들로서는 왕권 강화를 선호하지 않았기 때문이다. 귀족들의 완강한 반대에 부딪힌 법흥왕은 불교의 공인을 주저할 수밖에 없었다.

그런데 이차돈은 이를 알고 나서서 천경림(天鏡林)에 홍륜사를 짓고자 하였다. 귀족들로서는 불교의 공인은 반대하여도 왕이 절을 지으려는 데는 크게 반대할 수 없는 입장이었지만 이번에는 상황이 달랐다. 자기들이 신봉하는 천신신앙의 제장(祭場)인 천경림에 절을 지으려 하자 벌떼같이 일어났다.

법흥왕은 측근이었던 이차돈에게 절을 지으라는 명령은 하였어도 천경림에 절을 지으라고 한 것은 아니었다. 불교를 진흥시키려는 목적은 같았지만 그 방법에는 이견이 있었던 것이다. 단계적으로 불교를 진흥시키려 하였던 법흥왕과 달리 이차돈은 차제에 토착신앙의 중심부에 절을 지으려 하였고 귀족들의 거친 항의를 받게 되었다.

법흥왕 7년(520)에 율령(律令)을 반포하였기 때문에 왕으로서는 귀족들 앞에서 왕명을 어긴 이차돈을 처벌하지 않을 수도 없었다. 결국 법흥왕은 이차돈을 왕명을 거짓으로 꾸민 죄인 '교명죄(矯命罪)'로 다스렸다. 이차돈에 대한 처벌은 왕의 명령에 복종하지 않으면 죽음을 면하기 어렵다는 의미로, 귀족들에게 임금의 위엄을 보여준 것이다.

그런데 이차돈이 죽으면서 신이한 기적을 보이자 귀족들도 더 이상은 절을 짓는 것을 반대할 수 없었다. 결국 이차돈은 조정 신하들이 반대하는 상황 속에서 자신의 몸을 바쳐 불교를 진흥시켰던 것이다. 이처럼 이차돈의 순교 설화는 임금과 신하 사이의 유교적 군신 관계와 불교의 신이성을 함께 보여준다.

신라의 경우 이차돈의 순교 이후 불교가 공인되었다고

하지만, 사실 순교 설화에서는 순교만을 이야기하고 있을 뿐 공인에 대한 언급은 없다. 이후 진흥왕 대에 이르러 대흥륜사를 짓고 사람들이 승려가 되는 것을 허락하였다고 기록되어 있으므로 이때 비로소 공인이 되었다는 것을 알 수 있다.

기독교 또한 기원 전후한 시기에 시작되어 로마에서 많은 탄압을 받고 순교자가 속출하였다. 그러나 313년 밀라노칙령에 의하여 공인되어 비로소 종교의 자유를 얻을 수 있었다. 순교의 시기와 공인의 시점은 다르므로, 승려 일연은 이와 같이 불교의 전래와 수용 및 공인의 과정을 뚜렷하게 구분하여 기록하였던 것이다.

신라 중심에 놓인
호국의 보물, 황룡사

당나라 황제가 준 불경, 불상, 가사, 폐백을 가지고
본국으로 돌아와서 탑을 세울 것을 왕에게 아뢰니,
선덕여왕이 신하들과 의논하였다.

  - 황룡사구층탑조, 제4「탑상」편, 『삼국유사』권3

활발한 정복사업으로 영토확장을 이룬 후에 새로운 왕궁을 지으려던 신라의 진흥왕은 꿈에 황룡을 보고 이를 불사로 고쳐 황룡사라 하였다. 이는 황룡사를 불교 종단 전체를 통솔하는 최고의 중심 도량으로 삼고, 국왕의 관할 아래 두어 '왕즉불(王卽佛)' 사상을 실현하려는 목적이었다. 황룡은 신라 왕권의 상징으로 황제의 권위를 나타내며, 황룡사를 비롯하여 황복사와 분황사 등 '황(皇)'자가 들어 있는 사찰 모두 신라의 왕들과 관련이 있다.

황룡사의 장육존상, 황룡사의 9층목탑, 진평왕의 천사옥대를 신라의 삼보라고 하는데, 신라 삼보 중에서 두 가지 보물인 장육존상과 9층목탑이 이 절에 있을 정도로 황룡사는 국찰(國刹)이라고 할 수 있다. 황룡사의 주지는 불교 교단 최고책임자인 국통(國統)으로 신라 전체 사찰 조직의 최고 정점에 있었다.

『삼국유사』의 「탑상」편 황룡사구층탑조에는 탑을 짓게 된 경위가 기록되어 있다. 먼저 자장법사(慈藏法師)가 중국 오대산에 있을 때의 일이다. 대승불교에서 깨달음의 지혜를 상징하는 문수보살(文殊菩薩)이 "너희 나라인 신라는 법문을 많이 들어 아는 승려가 나라 안에 있기에 군신이 편안하고 만민이 화평한 것"이라고 하였다는 것이다. 즉 '불연 불국토(佛緣佛國土)'설이다.

그런데 자장법사가 중국의 태화지(太和池)를 지나가는데 신인(神人)이 나타나 "너희 나라는 여자를 임금으로 삼아 덕은 있으나 위엄이 없으니, 본국으로 돌아가 황룡사 안에 9층 탑을 세우면 이웃 나라들이 항복하고 9한(韓)이 와서 조공을 하여 왕업이 편안하게 될 것"이라 하였다. 이와 같은 이유로 탑을 건축하게 되었다는 이야기이다.

정관 17년 계묘 16일에 자장은 당나라 황제가 준 불경, 불상, 가사, 폐백을 가지고 본국으로 돌아와서 탑을 세울 것을 왕에게 아뢰니, 선덕여왕이 신하들과 의논하였다. 신하들이 말하기를, "백제로부터 공장을 청한 뒤에야 비로소 가능할 것입니다"라고 하였다. 이에 보물과 비단으로써 백제에 공장을 청하였다. 아비지(阿非知)라는 장인이 명을 받고 와서 목재와 석재를 경영하고, 이간(伊干) 용춘(龍春)이 일을 주관하여 소장 200명을 인솔하였다.

— 황룡사구층탑조, 제4「탑상」편, 『삼국유사』 권3

역대 왕들은 국가에 큰일이 있을 때마다 황룡사에 친행하여 100명의 고승이 모여 강하는 '백고좌회(百高坐會)'를 열어 불보살의 가호를 빌었다. 자장법사가 『보살계본(菩薩戒本)』을 강설하고, 원효대사가 『금강삼매경론』을 임금 앞에서 강설한 곳도 황룡사였다. 이 절의 중심은 목조로 조성한 9층 탑으로 자장법사가 귀국하여 탑을 세울 것을 왕에게 청하여, 백제의 아비지가 대목장을 맡아 완성하였다.

찰주(刹柱)를 세우는 날 아비지는 꿈에 고국인 백제가 망하는 것을 보고 머뭇거렸지만, 대지가 진동하고 승려와 장사가 나와 기둥을 세우는 것을 보고는 인연이라 생각하고 완공하였다고 한다. 국가에 대한 충성과 불교의 사찰을 짓는다는 불심 간의 갈등을 보이지만, 결국은 인연법(因緣法)에 따라 탑을 완성하였다는 것을 알 수 있다.

김춘추의 아버지인 김용춘이 소목장 200명을 거느리고 일을 주관하였는데, 이어지는 기록에 따르면 높이가 225척(尺)이나 되었다. 당나라 척으로 환산하면 67.5미터이고, 고구려 척으로 환산하면 80미터가 넘는다.

지금의 기준으로 하면 20여 층 정도의 고층 건물에 해당하는데, 7세기에 목조로 이러한 건축물을 조영하였다는 것이 불가사의한 일이다. 현재 복원하려 하여도 지진과 태풍에 견디도록 건축할 수 없어서, 10분의 1 크기로 모형을 만들어 실험하는 실정이다.

신라 사람들은 9층목탑을 세우면 이웃 나라들이 신라에 복속될 것이라 믿었고, 삼국통일 후 탑은 호국을 상징하는 보물이 되었다. 그러나 고려 고종 25년(1238) 몽골의 침입으로 탑과 장육존상, 절의 전각들이 모두 타 버렸는데, 한반도 동남단의 황룡사 9층목탑을 불태운 것은 신라의 삼보를 없앰으로써 고려인들의 단결력을 저지하기 위한 것이었다.

이는 앞서 몽골이 불태운 〈대장경〉을 떠올리게 한다. 거란족의 침입을 부처의 힘으로 막고자 제작되었던 〈대장경〉이 몽골에 의하여 불타자, 고려는 불보살의 가호를 빌고 이를 통하여 전체 구성원들의 단합을 결속하고자 〈대장경〉을 재조(再雕)하였다. 여기에는 몽골의 침입으로 불교문화유산이 불에 타고 없어진 것에 대한 개탄과 이를 복구함으로써 고려의 전통문화를 다시 찾아야겠다는 의지가 담겨 있다.

이처럼 「탑상」편은 신라의 불국토 관념과 그 관념이 고려로 이어지고 있다는 점이 강조되어 있다. 사찰의 연기 설화, 탑파와 불상의 조성 및 범종의 주조 경위, 사리의 전래와 소장 경위, 불화의 예배 대상들을 자세히 이야기한다.

함부로 살생하지 않으나
쉬이 물러서지도 않으리라

불교에는 보살계가 있어
그 조목이 열 개로 나뉘어 있는데,
그대들은 남의 신하와 자식의 몸이니
아마 감당하지 못할 것이다.

— 원광서학조, 제5 「의해」 편, 『삼국유사』 권4

신라에 전해지는 계율인 '세속오계(世俗五戒)'는 유교적 가
치와 불교적 가치를 모두 강조하고, 전쟁이 심하였던 당시
삼국의 상황에 걸맞은 호국적 성격 또한 강하게 나타낸다.
『삼국유사』 4권의 원광서학조에서, 원광법사(圓光法師)가
귀산(貴山)과 추항(箒項)에게 준 '세속오계'에 대한 이야기
를 확인할 수 있다.

> 원광이 말하기를, "불교에는 보살계가 있어 그 조목이
> 열 개로 나뉘어 있는데, 그대들은 남의 신하와 자식의
> 몸이니 아마 감당하지 못할 것이다. 지금 세속의 다섯
> 가지 계율이 있으니, 첫 번째는 충성으로써 임금을 섬
> 기는 것이고, 두 번째는 효로써 부모를 섬기는 것이며,
> 세 번째로 벗을 사귐에는 신의가 있어야 하고, 네 번째
> 는 싸움에 임해서는 물러남이 없어야 하며, 다섯 번째
> 는 생명을 죽이는 데는 가림이 있어야 한다"는 것이다.
> – 원광서학조, 제5 「의해」 편, 『삼국유사』 권4

'사군이충(事君以忠)' 임금에게 충성하고, '사친이효(事親
以孝)' 부모에게 효도하고, '교우유신(交友有信)' 친구와 사귈

때 믿음을 가지며, '임전무퇴(臨戰無退)' 전쟁에 임해서는 후퇴하지 않고, '살생유택(殺生有擇)' 살생을 할 때는 시기와 크기를 잘 선택하여야 한다는 내용이다. 임금에게 충성하고 부모에게 효도한다는 것은 유교적인 가치인 충효사상을 강조하고 있는 것이며, 친구와 사귈 때 믿음을 가진다는 것도 유교적 가치라고 할 수 있다.

한편 전쟁에 임하여 후퇴하지 않는다는 것은 호국적인 성격을 나타낸다. 여기에 살생을 할 때 시기와 크기를 잘 선택하여야 한다는 것은 불살생의 불교적 가치를 경우에 따라서 조정할 수 있다는 의미라고 하겠다.

원광서학조에서는 『속고승전(續高僧傳)』을 인용하여 원광법사가 불교에 귀의하게 된 이야기를 전한다. 중국에 가서 불교의 종지를 듣고 난 이후, 세간의 경전이 썩은 지푸라기처럼 여겨져 헛되이 유교를 찾은 것이 실로 생애를 위태롭게 할 것이라고 생각하였다는 것이다.

또한 원광법사가 원래 신비한 기량이 넓고 문자에 물들기를 좋아하여 도가와 유학을 섭렵하였으며, 여러 대가와 역사서를 연구하여 문명이 삼한에서 뛰어났다고도 전한다. 중국으로 유학을 가서 『성실론(成實論)』과 『열반경

(涅槃經)』을 공부하고『성실론』과『반야경(般若經)』을 강론한 이야기도 기록되어 있다. 귀국 후에 나라를 위하여 전표(箋表)와 계서(啓書) 등 나라에서 오가는 국서(國書)를 썼다는 것과 임금의 병환을 치료하였다는 이야기도 나온다.

한편 원광법사는 토착신앙과도 관련이 있다.『수이전(殊異傳)』을 인용한 기록을 보면 그는 30세에 조용히 거처하며 수도할 생각으로 안강에 있는 삼기산의 금곡사(金谷寺)에서 홀로 지냈다. 그런데 산신이 나타나 중국에서 불법을 공부하여 나라 사람들을 올바르게 인도할 것을 권유하면서 중국으로 갈 수 있는 계책을 자세히 알려주었다. 원광법사가 그 말에 따라 중국으로 가서 11년을 머물렀는데, 삼장(三藏)에 널리 통달하였으며 유학도 겸하여 배웠다고 한다.

진평왕 22년(600) 중국에 온 신라 사신을 따라 본국으로 돌아온 원광법사는 산신에게 감사를 표하고자 이전에 살던 삼기산의 절로 갔다. 밤중에 또 산신이 와서 중국을 잘 다녀왔느냐고 묻고는 계(戒)를 받겠다고 하여 수계를 하였다고 한다. 이후 서쪽으로 불법을 배우러 가는 사람이 많게 된 것은 그가 일찍이 중국에 가서 불법을 배워 길을 열었기 때문이라고 높이 평가할 수 있다.

이어지는 기록에서는 원광법사가 귀국하여 항상 『대승경전(大乘經典)』을 강설하였으며, 걸사표(乞師表)를 쓰고, 귀산과 추항에게 세속인들이 지켜야 할 '세속오계'를 주었다는 이야기가 나온다.

원광법사는 승려이지만 국가를 위해서는 걸사표를 썼다. 동왕 30년(608) 왕은 수나라의 군사를 청하여 고구려를 치고자 그에게 걸사표를 짓도록 명하였다. 그는 "자기가 살려고 남을 멸하는 것은 승려로서 할 일이 아니지만, 저는 대왕의 나라에서 대왕의 수초를 먹으면서 감히 명령을 좇지 않을 수 없다"라고 하면서 글을 지었다. 동왕 33년(611)에 신라는 수나라에 사신을 파견하여 군사를 청하였으며, 이에 수양제는 100만의 군대를 이끌고 이듬해 고구려를 침략하였다.

원광법사는 불교 승려이면서도 국가를 위하고, 임금을 위하여 충성을 다하였다. 충효사상을 강조하는 세속오계를 남기면서도, 도교에도 해박하였고 토착신앙 또한 신봉하였다. 유·불·선의 융화를 몸소 보여주었다고 할 수 있다.

신라의 불교는
사람을 고치고 나라를 지킨다

선덕여왕 덕만이 병에 걸려 오랫동안 낫지 않았다.
… 밀본은 왕의 침실 밖에 있으면서
『약사경(藥師經)』을 읽었는데,
경을 다 읽자마자 … 왕의 병이 곧 나았다.

- 밀본최사조, 제6 「신주」 편, 『삼국유사』 권5

신라의 불교는 사람의 병을 치료하고, 나라가 위기에 처하였을 때 신이한 기적을 통하여 이를 극복하는 호국적 성격을 보인다. 이러한 호국불교는 중국이나 일본에서는 나타나지 않는 우리나라만의 특징이라고 할 수 있다.

그 이전까지만 해도 왕이 병에 걸리면 무당의 주술적 행위를 통하여 병을 고쳤으나, 불교가 전래 수용되고 나서는 무당을 대신하여 승려가 염불로써 병을 치료하였다. 밀본법사(密本法師)는 단순한 염불이 아닌 병을 낫게 하는 불경을 읽어서 병을 물리치는 모습을 보여준다.

『삼국유사』의 권5 중 「신주」편은 밀교(密敎) 승려들에 대한 기록이다. 밀본최사조는 밀본법사가 선덕여왕의 병을 고치고, 김양도(金良圖)의 병을 치료하고, 김유신의 친척인 수천(秀天)의 악질을 치료하러 갔다가 신통력을 보인 것을 기록하였다.

선덕여왕 덕만이 병에 걸려 오랫동안 낫지 않았다. 홍륜사의 승려 법척(法惕)은 왕명에 따라 병을 치료하였으나 오래 효험이 없었다. 이때 밀본법사가 덕행으로 소문났으므로 측근의 신하들은 왕에게 법척을 대신

하기를 청하니 왕이 조서를 내려 밀본을 궁궐 안으로
맞이하였다. 밀본은 왕의 침실 밖에 있으면서 『약사경
(藥師經)』을 읽었는데, 경을 다 읽자마자 그가 지니고
있었던 육환장(六環杖)이 침실 안으로 날아 들어가 늙
은 여우 한 마리와 법척을 찔러 뜰 아래로 거꾸로 내던
졌고, 왕의 병이 곧 나았다.

– 밀본최사조, 제6「신주」편, 『삼국유사』 권5

선덕여왕이 병에 걸려 오랫동안 낫지 않자 흥륜사의 승
려 법척이 왕을 치료하였으나 효험이 없었다. 이에 밀본법
사를 불렀는데 침실 밖에서 『약사경』을 읽자 왕의 병이 곧
나았다는 이야기이다.

이미 법척이라는 승려가 선덕여왕을 보살피고 있었으
나 차도가 없자 밀본법사를 궁궐로 불러들인 것인데, 그가
『약사경』을 읽자마자 고리 여섯 개의 지팡이 육환장이 늙
은 여우 한 마리와 법척을 찔러 죽였다. 그리고 왕의 병은
나아졌다고 한다. 밀본법사의 도력이 법척의 도력보다 강
한 것은 『약사경』을 읽었기 때문으로, 이는 곧 불경의 중요
성을 강조하고 있는 것이다.

다음으로는 승상(承相)인 김양도가 갑자기 입이 붙고 몸이 굳어져 말도 못 하고 움직이지도 못했던 일이 기록되어 있다. 그는 큰 귀신 하나가 작은 귀신들을 거느리고 와서 집안의 모든 음식을 다 먹어버리고, 무당이 와서 제사를 지내면 귀신들이 무리를 지어 욕보이는 것을 보았다.

김양도는 귀신들이 그만두도록 하고 싶었으나 입으로 말을 할 수 없었다. 이에 그의 아버지가 법류사의 승려를 청하여 불경을 읽게 하였는데, 큰 귀신이 작은 귀신에게 명하여 쇠몽둥이로 승려의 머리를 때려죽이고 만다. 이에 며칠 뒤 사람을 보내 밀본법사를 맞아 오도록 하였다.

그 소식을 듣고 작은 귀신이 큰 귀신에게 피하자고 이야기하였으나 큰 귀신은 걱정하지 말라고 한다. 그러나 큰 힘을 가진 신들이 무장을 하고 나타나서 귀신들을 포박하여 잡아갔으며 많은 천신이 나타났다. 이어서 밀본법사가 도착하였는데 불경을 펼치기도 전에 김양도의 병이 치료되어 말도 할 수 있게 되었으며 몸도 풀렸다고 한다.

이를 계기로 김양도는 불교를 평생 믿었으며, 흥륜사 불보상을 조성하는 등 각종 불사를 후원하였다고 기록하고 있다. 이는 토착신앙과 불교의 갈등을 보여주는 대목으로,

마침내 불교가 토착신앙이 가지고 있었던 기능을 대체하고 있는 것을 의미한다.

한편 『삼국유사』의 「기이」편에는 명랑법사(明朗法師)에 관한 일화도 전해진다. 당나라와의 전쟁을 앞둔 상황, 왕이 그를 불러 말하기를, "일이 급하게 되었으니 어찌하면 좋겠소?"라고 하였다. 그가 말하기를, "비단으로 절을 임시로 만들면 될 것입니다"라고 하였다.

이에 채백(綵帛)으로 절을 세우고 풀로써 오방신상(五方神像)을 만들고 유가(瑜伽)의 명승 열두 사람으로 하여 명랑법사를 상수로 문두루(文豆婁)의 비밀법을 쓰게 하였다. 오방신은 동서남북과 중앙의 오방오제(五方五帝)를 뜻하는데 원래 도교에서 숭배하던 신이다. 여기에서 문두루의 비밀법은 불교와 도교가 융화되어 있는 모습을 보여준다.

이때 당나라와 신라의 병사가 채 접전을 벌이기도 전에 바람과 물결이 거세게 일어나고 당나라 배가 모두 바닷물에 침몰하였는데, 이후에 절을 고쳐서 다시 짓고 사천왕사(四天王寺)라 이름하였다고 한다. 이로 인하여 명랑법사는 신인종(神印宗)의 개조가 되었는데, 밀본법사를 비롯하여 혜통법사(惠通法師)도 모두 신인종 계통의 승려들이다.

불교와 토착신앙을 아우른
신라의 제사

나는 선도산의 신모(神母)인데,
네가 불전을 수리하려는 것이 기뻐서,
금 열 근을 시주하여 돕고자 한다.

– 선도성모수희불사조, 제7 「감통」 편, 『삼국유사』 권5

신라 진평왕 대, 지혜(智惠)라는 비구니가 불사를 일으키려 하였으나 재원(財源)이 부족하여 고민을 하고 있었다. 그때 선도산의 신모(神母)가 지혜의 꿈에 나타나 시주를 하겠다고 하였는데 조건이 있었다.

삼존불 이외에 오십삼불과 육류성중(六類聖衆) 및 여러 천신과 오악신군(五岳神君)을 그려서 모시고 점찰법회(占察法會)를 베풀어달라는 것이었다. 이에 지혜가 잠에서 깨어 신사로 가서 황금 160량을 파내어 불사를 일으키고, 신모의 말에 따라 천신과 산신의 그림을 그려서 모셨다고 한다. 『삼국유사』의 「감통」편에 실린 선도성모수희불사조의 감동스럽고 신비한 불교 체험에 대한 기록이다.

진평왕 대에 지혜라는 여승이 있었는데 어진 행실이 많았다. 안흥사에 살았는데 불전을 수리하려고 하였으나 힘이 모자랐다. 꿈에 한 선녀가 머리를 진주와 비취로 장식한 예쁜 모습으로 와서 위로하며 말하기를, "나는 선도산의 신모인데, 네가 불전을 수리하려는 것이 기뻐서, 금 열 근을 시주하여 돕고자 한다. 내 자리 밑에서 금을 가져다가 주존 세 부처를 장식하고, 벽 위

에는 오십삼불과 육류성중 및 천신과 오악신군을 그
려서 매년 봄과 가을 두 계절에 열흘간 선남선녀들을
모아 널리 일체중생을 위하여 점찰법회를 여는 것을
항상 법규로 삼아라"라고 하였다.

– 선도성모수희불사조, 제7「감통」편,『삼국유사』권5

불교의 불보살과 함께 토착신앙의 천신과 산신도 함께
모시도록 한 것을 알 수 있는데, 천신은 천신신앙에서 숭배
하는 신이며, 오악신군은 다섯 산악의 산신들로 불보살과
상관이 없는 토착신앙의 신들이다.

『삼국사기』의 「잡지」 가운데 제사조에서 오악은 동쪽으
로는 토함산, 남쪽으로는 지리산, 서쪽으로는 계룡산, 북쪽
으로는 태백산, 중앙에는 부악, 즉 공산을 이른다고 하였다.
그러나 진평왕 대에는 통일전쟁 이전이므로 동악은 토함
산, 서악은 선도산, 남악은 남산, 북악은 금강산, 중악은 낭
산을 이른다.

이는 법흥왕 대에 이차돈의 순교를 계기로 토착신앙과
갈등을 보인 불교가 진흥왕 대에 공인되면서 사찰을 짓고
토착신앙과 융화를 보이고 있는 모습을 보여준다. 외래신

앙은 전래되고 수용되면서 처음에는 기존의 토착신앙과 갈등을 벌이지만, 시간이 지나면 문화접변 현상을 이루는 데 이를 선·불 융화라고 할 수 있다.

보통 융합이라고 이해하기도 하지만 융화는 두 존재가 각기 존재하면서 필요한 부분에서 회통이 일어나는 현상이다. 그러므로 토착신앙과 불교는 엄밀히 말하여 융화한 것이라고 할 수 있다.

원래 사찰은 불보살을 모시는 불상이나 보살상을 조성하고 전각을 지은 것이지만 여기에서는 불보살뿐만 아니라 선도산 신모의 요구대로 천신과 산신을 모셨다. 이로써 진평왕 대에 이미 불교의 토착화가 이루어졌다는 것을 알 수 있다.

처음에는 천신과 산신을 내벽에 그려서 같은 건물 안에 봉안하였지만 나중에는 천신과 산신을 그린 후 다른 건물에 봉안하게 되면서 산신각 등 삼성각(三聖閣)이 생기게 된 것이다. 이를 두고 기존에는 조선시대 숭유억불정책에 따라 불교가 민간신앙과 야합하면서 대웅전의 뒤꼍에 산신각을 두게 되었다고 이해하였다.

그러나 여기에서 보았듯이 신라의 진평왕 대에 이미 불

보살과 함께 산신을 모시는 선·불 융화의 전통이 생겼다는 것을 알 수 있다. 산신각은 어느 나라 절에도 보이지 않고 우리나라 사찰에서만 나타나는 한국 불교의 특징이라고 할 수 있다.

젊어서는 유학자로,
늙어서는 승려로

왕이 즉위하여
공이 있는 신하에게 상을 주었는데,
신충을 잊어버리고 차례에 넣지 않았다.
신충이 원망하면서 노래를 지어 잣나무에 붙였더니
나무가 갑자기 시들어버렸다.
왕이 괴이하게 여겨 알아보도록 하였더니,
노래를 얻어다 바쳤다.

– 신충괘관조, 제8 「피은」 편, 『삼국유사』 권5

신라시대에는 신충(信忠)이나 이순(李純)과 같은 유교적 가치를 지닌 관인들이 속세를 떠난 일이 종종 있었다. 또한 나이가 든 관인들은 관직을 떠나 승려가 되어 절을 세우기도 하였다.

『삼국유사』의 「피은」 편에는 보현보살(普賢菩薩)이나 아미타불이 나타나 서방정토 극락세계로 인도하거나, 신충이나 물계자(勿稽子) 같은 신하들이 세상을 등지고, 화랑 출신의 승려 영재(永才)가 도적들을 데리고 세상을 등지는 등 세속을 떠나 은둔한 이야기가 담겨 있다.

그중 「피은」 편의 신충괘관조는 효성왕과 신충의 이야기이다. 효성왕이 왕위에 오르기 전, 신충과 바둑을 두다가 잣나무를 보며 왕이 되더라도 신충을 잊지 않겠다는 약속을 하였다. 그런데 왕위에 오른 후 신충을 잊어버리자, 그가 〈원가(怨歌)〉를 지어 잣나무에 붙였고 잣나무가 누렇게 시들어버렸다는 내용이다.

효성왕이 아직 왕위에 오르지 않았을 때, 어진 선비 신충과 함께 궁궐의 뜨락 잣나무 아래에서 바둑을 두었다. 왕이 일찍이 말하기를, "이다음에 만약 경을 잊어

버린다면 저 잣나무와 같음이 있으리오"라고 하니 신
충은 일어나서 절하였다. 몇 달이 지나 왕이 즉위하여
공이 있는 신하에게 상을 주었는데, 신충을 잊어버리
고 차례에 넣지 않았다. 신충이 원망하면서 노래를 지
어 잣나무에 붙였더니 나무가 갑자기 시들어버렸다.
왕이 괴이하게 여겨 알아보도록 하였더니, 노래를 얻
어다 바쳤다. 왕이 크게 놀라 말하기를, "정사에 바쁘
다 보니 가깝게 지냈던 사람을 잊을 뻔하였구나"라고
하였다. 이에 신충을 불러 벼슬을 주니 잣나무가 바로
살아났다.

– 신충괘관조, 제8 「피은」 편, 『삼국유사』 권5

　왕이 사연을 알아본즉 〈원가〉를 듣게 되었는데, 임금이
잣나무 아래에서 함께한 약속을 저버린 것에 대한 원망의
노래였다. 왕이 노래를 듣고 반성하여 신충을 불러 벼슬을
주니, 잣나무가 다시 소생하였다고 한다. 임금에 대한 충성
과 신하에 대한 약속, 곧 유교적 가치를 중요시한다는 메시
지를 담고 있다.

　신충은 그 이후 벼슬을 하면서 효성왕과 경덕왕 양대에

걸쳐 임금의 총애를 받았다. 특히 그는 경덕왕이 유교적인 한화정책을 시행할 때 상대등(上大等)으로서 크게 보좌하였다. 한화정책은 중국 제도를 그대로 수용하여 왕권을 강화하려는 목적이어서 유교적 정치이념을 지니고 있었다.

그 후 경덕왕 22년(763)에 신충은 두 친구와 서로 약속하여 벼슬을 그만두고 지리산으로 들어갔다고 한다. 왕이 불렀으나 그는 결국 머리를 깎고 승려가 되었다. 그리고 왕을 위하여 단속사(斷俗寺)를 세우고 종신토록 속세를 떠나 대왕의 복을 빌었다고 한다.

신충의 일화를 통하여 임금과 신하 간의 약속과 충성에 대한 유교적 가치, 절을 지어 임금의 복을 빌었다는 불교적 가치뿐만 아니라 속세를 떠나 은둔하는 도교적 모습까지 확인할 수 있다. 신라시대 유·불·선은 이처럼 깊이 융화되어 있었다.

불자가 된다고
효를 저버리는 것은 아니다

현생의 부모를 위하여 불국사(佛國寺)를 세우고,
전생의 부모를 위하여 석불사(石佛寺)를 세워 …
한 몸으로 두 세상의 부모에게 효도한 것은
옛날에도 또한 듣기 드문 일이다.

– 대성효이세부모 신문왕대조,
제9 「효선」 편, 『삼국유사』 권5

승려 일연은 『삼국유사』를 통하여 부모에 대한 효행과 불교적인 선행을 함께 이룰 수 있다는 것을 보여준다. 이는 일연의 개인적인 입장을 대변하는 것이기도 하고, 불교가 세속화되어 가는 상황 속에서 불교계를 향한 유교계의 비판을 의식한 방책일 수도 있다.

특히 「효선」편은 효도하는 동시에 선행을 이룬 인물들의 일화를 전하고 있는데, 고려 후기 효도를 등한시하던 불교계를 향한 비판에 대응하여 이 편목을 구성한 것이라고 할 수 있다.

먼저 진정사효선쌍미조의 이야기이다. 진정(眞定)의 어머니는 아들이 홀어미를 봉양하느라 불도 닦는 것을 미루고 있는 것을 보고, 먼저 불법을 닦도록 재촉하였다. 그 후 진정이 의상법사의 문하에 들어가 제자가 된 지 3년 만에 어머니가 돌아가셨고 그는 선정에 들어가 기도를 하였다. 그렇게 어머니는 하늘에 환생하였다고 한다.

효도를 먼저 한 뒤에 불도를 닦으려는 진정과 불법을 먼저 닦아야 한다는 어머니와의 의견 대립에서 진정은 어머니의 의견에 따라 불제자가 되었다. 그리고 결국 불도도 닦고 효도도 하여 효도와 선행을 함께 이루었다. 일연 또한

국사(國師)이면서, 어머니의 봉양을 위하여 인각사(麟角寺)를 하산소(下山所)로 하여 주석하였으므로 진정의 이야기가 사실상 일연의 입장을 대변한다고 볼 수 있다.

그런가 하면 대성효이세부모 신문왕대조에서는 가난한 집에 태어난 김대성(金大城)이 시주를 잘하여 재상가의 아들로 다시 태어나는 이야기를 담고 있다. 그는 현생의 부모를 위하여 불국사(佛國寺)를 세우고, 전생의 부모를 위하여 석불사(石佛寺)[석굴암]를 세웠다.

> 이로 인하여 마음에 감동하는 바 있어 자비로운 서원이 더욱 두터워져 현생의 부모를 위하여 불국사를 세우고, 전생의 부모를 위하여 석불사를 세워 신림(神琳)과 표훈(表訓)의 두 성사를 청하여 각각 거주하게 하였다. 이에 불상의 설비를 크게 펴서 또한 양육한 수고를 갚았으니 한 몸으로 두 세상의 부모에게 효도한 것은 옛날에도 또한 듣기 드문 일이다. 착한 보시의 영험을 어찌 믿지 않겠는가.
>
> — 대성효이세부모 신문왕대조,
> 제9「효선」편,『삼국유사』권5

구체적인 이야기는 이렇다. 모량리의 가난한 여인 경조(慶祖)에게는 아이가 있었는데 머리가 크고 이마가 평평하여 성(城)과 같으므로 대성이라고 불렀다. 집이 가난하여 생활할 수 없었으므로 부자인 복안(福安)의 집에서 품팔이를 하였는데, 그 집에서 약간의 밭을 나누어주어 그것으로 생활을 하였다.

이때 점개(漸開)라는 승려가 흥륜사에서 육륜회(六輪會)를 베풀려고 시주를 권하기 위하여 복안의 집에 들렀다. 복안이 베 50필을 보시하니, 점개가 축원하여 말하기를, "시주자가 보시하기를 좋아하니 천신이 항상 보호하고 지켜주시며, 하나를 보시하여 만 배를 얻고 안락하여 장수하소서"라고 하였다.

대성이 듣고 뛰어 들어가 어머니에게 말하기를, "제가 문에서 스님이 염불하는 소리를 들으니 하나를 보시하면 만 배를 얻는다고 합니다. 우리가 전생에 닦은 선행이 없어 지금 이렇게 곤궁하니, 지금 보시하지 않으면 내세에서는 더욱 어려울 것입니다. 우리가 고용살이로 얻은 밭을 법회에 보시하여 뒷날의 응보를 도모함이 어떻겠습니까?"라고 하니, 어머니가 좋다고 하여 밭을 점개에게 보시하였다.

얼마 안 되어 대성이 죽고 김문량(金文亮)의 집에 다시 태어났는데, 금으로 글자를 써놓은 막대기에 '대성' 두 글자가 새겨져 있어서 김대성이라 하고 그 어머니를 모셔와 함께 봉양하도록 하였다. 이후 불심이 강해지고 서원이 두터워져서 현생 부모를 위하여 불국사를 세우고, 전생의 부모를 위하여 석불사를 세웠다. 불교 사찰을 지어 현생 부모와 전생 부모 모두에게 바치면서 효도를 한 것이다.

그런데 대성이 석불을 조각하고자 큰 돌 한 개를 다듬어 천장의 뚜껑을 만들던 중 돌이 갑자기 세 쪽으로 갈라졌다. 이후 어렴풋이 잠이 들었는데 밤중에 천신이 내려와 다 만들어놓고 돌아갔다. 대성이 일어나 남쪽 고개로 달려가서 향나무를 태워 천신에게 공양하였고 그곳을 향령(香嶺)이라고 하였다.

이 대목에서는 천신이 불교 사찰을 짓는 데 도움을 주고 있다는 점이 무엇보다 중요하다. 천신이 불사를 돕고 있는 모습을 통하여 토착신앙과 불교가 융화하는 선·불 융화의 양상을 볼 수 있기 때문이다. 불국사와 석굴암은 김대성이 세우기를 발원하였으나 그의 사후 왕과 국가가 완성시켰다.

뿐만 아니라 「효선」 편의 향득사지할고공친 경덕왕대

(向得舍知割股供親 景德王代)조, 손순매아 흥덕 왕대(孫順埋兒 興德王代)조, 빈녀양모(貧女養母)조에서는 향득과 손순 및 빈녀에게 곡식과 집을 내려준 주체가 왕과 국가라는 것에 주목하여야 한다. 이는 일연이 불교와 함께 왕과 국가 역시 매우 중요하게 인식하고 있다는 것을 보여준다.

『삼국유사』는 몽골의 간섭기에 국난을 극복하는 데 편찬의 목적이 있다. 〈대장경〉을 간행하였듯이 고구려와 백제 및 신라의 역사를 통하여 민족 구성원들의 단합을 강조하고자 하였던 것이다. 특히 불교를 중심으로 하면서 통치이념인 유교의 충효사상을 고취하고, 노장사상의 은일사상을 재조명하고, 토착신앙과 융화하여 유·불·선의 융합을 보여주었다는 점에 큰 의의가 있다.

PART 5

도네리 친왕 『일본서기』

사상의 융합 위에
국가체제를 완성한 일본

도네리 친왕 舎人親王 676~735

일본의 가장 오래된 역사서 『일본서기』를 편찬한 황자.

　제38대 덴지 천황의 딸인 니이타베노 황녀(新田部皇女)와 제40대 덴무 천황 사이에서 태어났으며, 제3 황자로서 도네리 황자라고도 부른다. 아버지 덴무 천황의 명으로 신대부터 제41대 지토 천황 11년(697)까지를 배경으로 한 『일본서기』를 제44대 겐쇼 천황(元正天皇) 재임기인 양로 4년(720)에 편찬하였다.

　일본 고대의 사서인 '6국사(六國史)'의 하나로서 왕실을 중심으로 하여 순 한문체로 기술하였으나, 한국과의 관계에 대한 내용은 왜곡된 부분이 많다. 진구 황후(神功皇后)가 신라를 정복하였다는 허무맹랑한 기록이 있으며, 백제의 기년과는 약 120년의 차이가 나는 등 사서로서 문제가 많다.

　그러나 6세기부터의 기록은 비교적 신빙성이 있어서 한일관계사를 이해하는 기본 사료로서 역할을 한다. 특히 7세기 후반의 동아시아 세계를 형성하는 과정을 이해하고, 종교와 사상의 갈등과 융화를 살펴보기에 중요한 자료라고 할 수 있다.

신라의 왕자,
일본으로 건너가다

"그대는 누구인가? 또 어느 나라 사람인가"라고 물었다. 천일창(天日槍)이 "저는 신라국의 왕자입니다"라고 대답하였다.

– 스이닌 천황 3년조, 『일본서기』 권6

신라 제8대 아달라왕이 즉위한 지 4년(157) 동해 바닷가에는 연오랑(延烏郎)과 세오녀(細烏女)라는 부부가 살고 있었다. 하루는 연오랑이 바다에 가서 미역를 따고 있는데, 갑자기 바위 하나가 나타나 그를 싣고 일본으로 가버렸다. 그 나라 사람들이 연오랑을 보고 말하기를 "이 사람은 보통 사람이 아니다"라 하고, 그를 세워 왕으로 삼았다.

세오녀는 남편이 돌아오지 않는 것을 이상하게 여겨 나가 찾다가, 남편이 벗어놓은 신발을 발견하였다. 역시 그 바위에 올라가니, 바위는 이전처럼 또 그녀를 일본으로 싣고 갔다. 그 나라 사람들이 놀랍고 의아하여 왕에게 아뢰니, 부부가 서로 만나게 되어 세오녀를 귀비로 삼았다고 한다. 『삼국유사』의 「기이」편 연오랑 세오녀조의 내용이다.

당시 한반도의 동남 해안과 일본의 이즈모(出雲) 지방은 문물의 교류가 많았다. 중국에서 삼국으로, 삼국에서 일본으로 선진문물이 흘러 들어갔다. 신라 왕자가 일본에 가서 정착하였다는 기록은 일본 측의 역사서에도 남아 있다. 제11대 스이닌 천황(垂仁天皇) 3년(기원전 27), 신라 왕자 천일창이 일본에 건너왔다는 기사를 『일본서기』에서 확인할 수 있다.

3년 3월 신라 왕자 천일창(天日槍)이 건너왔다. 가지고 온 물건은 우태옥(羽太玉) 한 개, 족고옥(足高玉) 한 개, 밝은 적석옥(赤石玉) 한 개, 출석 지방의 작은 칼 한 개, 출석 지방의 창 한 자루, 둥근 거울 한 면, 웅신리(熊神籬) 한 구 등 모두 일곱 개의 물건이었다. 곧 단마국(但馬國)에 간직하고 항상 신물(神物)로 삼았다.

어떤 책에서는 말하길 처음에 천일창이 배를 타고 파마국(播磨國)에 … 있었다. 이때 천황이 삼륜군(三輪君)의 선조 오호토모누시(大友主)와 왜직의 선조 나가오치(長尾市)를 파마에 보내어 천일창에게 "그대는 누구인가? 또 어느 나라 사람인가"라고 물었다. 천일창이 "저는 신라국의 왕자입니다"라고 대답하였다.

— 스이닌 천황 3년조, 『일본서기』 권6

이를 이해하기 위해서는 『일본서기』의 편찬 배경부터 먼저 알아야 한다. 도네리 친왕은 7세기 후반과 8세기 초반 일본의 변화, 곧 동아시아 세계의 일원으로서 발돋움하는 일본의 모습을 『일본서기』 편찬을 통하여 보여주고자 하였다. 그리고 이를 위하여 새로운 세기인 8세기를 전환

점으로 삼았다.

『일본서기』에는 신대(神代)로부터 시작하여 초대 천황인 진무 천황(神武天皇)부터 제41대 지토 천황(持統天皇)의 재위기인 7세기 말까지의, 신화적인 내용과 역사적 사실이 구별 없이 실려 있다. 더구나 편찬의 정치적 목적에 부합하도록 취사선택되어 있기 때문에 사료 비판을 통하여 활용하여야 한다.

제40대 덴무 천황(天武天皇)으로부터『일본서기』편찬을 명받은 도네리 친왕은 30여 년 동안『일본서기』를 편찬하는 데 힘쓴다. 그는 '일본'이라는 국호를 사용하고, '천황'이라는 칭호를 사용하여 동아시아 세계의 일원이라는 것을 알림과 동시에 일본의 황국사관을 정립하였다.

유교와 불교 및 도교의 수용, 율령제의 시행, 한자의 사용, 당나라의 장안을 모델로 한 왕경의 조성 등은 당나라와 신라 및 일본을 동아시아 세계라는 하나의 동일한 문명권으로 형성하는 계기가 되었다.

『일본서기』는 7세기 말부터 8세기 초반 강화된 일본의 대국의식으로 서술되어 있다. 특히 천황 중심적 사관에 따라 편찬되었기 때문에 많은 기사가 과장되거나 윤색되어 있다. 한국과 관련된 자료들도 상당수 실려 있는데 객관적인 사실도 많으나 왜곡된 부분이 많아 사료에 대한 비판을 엄밀히 하고서 활용하여야 한다.

신라 사람이 일본에 가서 정착하였다는 기록은 두 나라 간에 기본은 같지만, 세부적인 요소는 다르다. 이를테면 신라 왕자 천일창이 건너왔다는 스이닌 천황 3년은 기원전 27년이고, 연오랑이 건너갔다는 신라 아달라왕 4년은 기원후 157년이므로, 184년이라는 연대 차이가 난다. 이처럼 『일본서기』의 연대는 대체로 2간지(120년) 또는 3간지(180년)를 내려 잡아야 한다.

또한 『삼국유사』에는 연오랑의 부인이 세오녀라고 기록되어 있으나, 『일본서기』에는 다르다. 연오랑이 일본에 가져간 토착신앙의 3종 신기(神器)를 단마국에 간직하여 신물로 삼고, 단마국의 출도 사람 후토미미(太耳)의 딸 마타워(麻多烏)에게 장가들어 다지마모로스쿠(但馬諸助)를 낳았다고 되어 있다. 두 기록 모두 의미가 있다면 연오랑은 신라에서 온 세오녀를 귀비로 삼고, 왜국 단마국의 마타워에게 장가를 갔다는 이야기가 된다.

이어서 『삼국유사』에는 연오랑과 세오녀가 왜국으로 가

자 신라에 해와 달이 비추지 않았다고 되어 있는데, 세오녀가 비단을 짜서 보내 이를 가지고 하늘에 제사를 지내니 해와 달이 예전처럼 밝아졌다고 하였다. 신라에서 왜국으로 일월신앙(日月信仰)을 전한 것이라고 할 수 있다. 이후 백제나 고구려 등 한반도에서 유교와 불교를 왜국에 전한 기록이 나타난다.

02

일본에 유교를 전래한
백제

천황이 아직기(阿直岐)에게 "너보다 훌륭한 박사가 있느냐?"라고 묻자 "왕인(王人)이라는 사람이 있습니다. 그 사람이 우수합니다"라고 대답하였다. … 백제에 보내 왕인을 불러오도록 하였다.

- 오진 천황 15년조, 『일본서기』 권10

제15대 오진 천황(應神天皇)에 대한『일본서기』의 기록에서 전체의 절반가량은 한반도 및 여러 나라와 관련되어 있다. 특히 백제가 아직기(阿直岐)와 왕인(王仁)을 보내 유교 경전을 왜국에 전하고 일본 태자의 스승이 되었다는 기록을 통하여 백제가 선진 문화를 왜국에 가르치는 입장이었다는 것을 알 수 있다.

백제왕이 아직기를 보내어 좋은 말 두 마리를 바쳤다. 카루(輕)라는 언덕 위의 마구간에서 기르도록 하고 아직기에게 사육하는 일을 관장하도록 하였다. 말을 사육하는 곳을 구판(廐坂)이라고 불렀다. 아직기는 경전을 잘 읽었으므로 태자 우지노와키이라츠코(菟道稚郎子)의 스승으로 삼았다. 천황이 아직기에게 "너보다 훌륭한 박사가 있느냐?"라고 묻자 "왕인이라는 사람이 있습니다. 그 사람이 우수합니다"라고 대답하였다. 그래서 상모야군(上毛野君)의 조상인 아라타와케(荒田別), 카무나기와케(巫別)를 백제에 보내 왕인을 불러오도록 하였다.

― 오진 천황 15년조,『일본서기』권10

오진 천황 15년은 284년에 해당하지만 2간지(120년)를 내려 잡으면 404년으로 백제 아신왕 13년이 된다. 『고사기(古事記)』의 기록에서는 왜국에 파견하였다는 『일본서기』의 아직기를 '아지길사(阿知吉師)'로 표기하는데, 아지길사를 왜국에 보낸 백제왕을 조고왕, 즉 근초고왕이라고 기록하고 있다.

아직기에게 천황이 너보다 훌륭한 박사가 있느냐고 묻자 그는 왕인을 추천하고 있다. 다음 해에 왕인이 왔는데, 『고사기』에 따르면 『논어』 10권과 『천자문』 1권을 가지고 왜국에 왔다고 한다. 왕인은 유교를 비롯한 여러 경전에 통달하여 태자의 스승이 되고 글 쓰는 사람들의 시조가 되었다는 것이다. 따라서 이때에 유교가 왜국에 전래 수용되었다고 할 수 있다.

『일본서기』에는 왕인이 온 해에 백제 아화왕이 죽고, 직지왕이 즉위하였다고 기록되어 있는데, 『삼국사기』에 따르면 2간지를 더한 이 해에는 아신왕이 죽고, 전지왕이 즉위하였다. 또한 왜국의 천황이 전지왕의 왕위계승에 영향을 미친 것으로 기술함으로써, 중국의 중화사상을 받아들여 자기들도 그러한 위치였다는 것을 과장하여 흉내 내려

하였다. 동아시아 세계의 일원이라는 인식이 싹튼 것이라 고 할 수 있다.

이 밖에도『일본서기』에는 왜국이 백제로부터 유교를 전래받았다는 사실이 여러 곳에 드러나 있다. 제23대 겐조 천황(顯宗天皇) 원년(485)에 신하들이 "폐하는 정통이니 마 땅히 즉위하여 교묘(郊廟)를 주재하여 조상들의 무궁한 위 업을 계승하여, 위로는 천심(天心)에 화합하고 아래로는 백 성들의 바람을 채우십시오"라고 하자 이를 따랐다고 한다. 교묘 제사는 유교식 제사로서 하늘과 땅 및 조상에 제의를 지내는 것이다. 또한 여기에서 신하들이 천심과 민심을 논 한 것은 유교적 정치이념에 입각한 것이다.

제26대 케이타이 천황(繼體天皇) 7년(513) 백제가 오경 박사(五經博士) 단양이(段楊爾)를 보내주었으며, 3년 뒤에는 오경박사 한고안무(漢高安茂)로 교체하여 주었다. 오경박사 는『시경』,『서경』,『주역』,『예기』,『춘추』의 박사를 두어 유학의 보급을 도모하기 위하여 오경에 능통한 사람에게 관직을 주었던 백제의 제도였다. 더구나 3년마다 새로운 오경박사를 교체하였다는 것은 지속적으로 유학의 발전을 도왔다는 것을 알 수 있다.

제30대 비다쓰 천황(敏達天皇)은 불법을 믿지 않고 문사(文史)를 좋아하였다는 기록도 있다. 『문선』처럼 좋은 문장을 모은 책이나 『사기』와 같은 역사서를 좋아하였다는 것은 유학에 대한 지식이 있으며, 유교적 정치이념을 가지고 있었다는 것을 의미한다.

또한 제33대 스이코 천황(推古天皇) 원년(593)에는 쇼토쿠 태자(聖德太子)가 불교를 숭상하면서도, 박사 각가(覺哿)에게 유교의 경전을 배워 아울러 습득하였다고 한다. 백제 출신의 유학자인 각가는 쇼토쿠 태자가 제정한 헌법 17조의 구성에 깊이 관여하였다. 불교는 종교로서 숭앙하고, 유교는 정치이념으로 활용하였다는 것을 알 수 있다.

유교에서 불교,
도교에까지 문을 열다

백제 성명왕이 … 석가불 금동상 1구, 약간의 번개
(幡蓋)와 약간의 경론(經論)을 바쳤다. …
"이 법은 … 무한한 복덕과 과보(果報)를 만들고,
무상(無上)의 보리(菩提)로 이끕니다."

    – 긴메이 천황 13년조, 『일본서기』 권19

『일본서기』를 살펴보면, 6세기에 이르는 시기에 불교와 유교 및 도교가 한반도로부터 전래되었다는 것을 알 수 있다. 당시 일본은 삼국이 불교를 수용할 때처럼 일련의 과정을 겪어야 했다. 제29대 긴메이 천황(欽明天皇) 13년(552), 백제가 왜국에 불교를 전해준 기사가 기록되어 있다.

> 백제 성명왕이 서부(西部) 희씨(姬氏) 달솔(達率) 노리사치계(怒利斯致契) 등을 보내어 석가불 금동상 1구, 약간의 번개(幡蓋)와 약간의 경론(經論)을 바쳤다. 따로 표(表)를 올려 유포시키고 예배하는 공덕을 찬양하여 "이 법은 여러 법 가운데 가장 뛰어난 것입니다. 이해하기도 어렵고 입문하기도 어렵습니다. 주공과 공자도 이해할 수 없습니다. 불법은 무한한 복덕과 과보(果報)를 만들고, 무상(無上)의 보리(菩提)로 이끕니다" … 라고 말하였다.
>
> — 긴메이 천황 13년조, 『일본서기』 권19

백제의 성왕이 노리사치계 등을 보내 불상과 불경을 전하였다는 이야기이다. 한편 백제가 왜국에 불교를 전한 시기가 성왕 16년(538)이라는 설도 있는데, 민간 차원에서는 삼국과 마찬가지로 더 이른 시기에 불교가 전래되었을 가능성이 있다.

『일본서기』에 따르면 이미 긴메이 천황 6년(545) 가을에 백제가 1장(丈) 6자(尺) 높이의 장육불상(丈六佛像)을 만들었다는 기록이 있다. 이에 따르면 백제는 천황이 높은 공덕을 얻어서 천황이 다스리는 나라가 행복하게 되기를 바란다는 원문(願文)을 지었다고 한다. 백제가 왜국의 천황에게 불교를 믿음으로써 국가를 더욱 행복하게 만들라는 인식을 전하였던 것인데, 공식적인 전래 이전 이미 왜국에 불교에 대한 이해가 있었다고 추측할 수 있다.

한편 불교의 깊은 뜻은 주공과 공자의 유학보다도 더 깊이가 있다고 한 것을 보면 불교 이전에 이미 유학이 전래 수용되었다는 사실을 알 수 있다. 아울러 불교가 무한한 복덕과 과보를 만들고, 여의주를 품고 사용하면 뜻하는 바대로 된다고 하여 구복적인 측면을 강조하였다. 왜국도 결국 고구려와 백제 및 신라와 마찬가지로 불교가 국가를 진흥시키고 백성들의 행복을 가져온다는 의식을 가지고 있었던 것이다.

이어지는 기록을 보면, 백제의 사람들을 맞이한 천황은 불교를 수용할 것인가에 대하여 신하들의 의견을 묻는다. 이에 소가씨(蘇我氏)는 긍정적으로 대답하고 모노노베씨(物部氏)는 부정적으로 대답하였다고 한다. 소가씨는 주변 여러 나라가 모두 불교를 수용하고 있으므로 수용하여야 한다는 입장이고, 모노노베씨는 천지와 사직의 180신에 대한 제사를 지내어왔는데 이제 와서 제사의 대상을 외래신으로 바꾼다면 토착신인 국신(國神)의 노여움을 살 것이라는 입장이었다.

신라에서 법흥왕이 불교를 공인하려고 하였을 때 토착 신앙을 신봉하는 귀족들은 반대하고, 이차돈 등은 찬성한 것과 같은 양상이다. 천황이 소가씨로 하여금 불상을 자기 집에 모시고 시험 삼아 예배하도록 하였는데 돌림병이 돌자 모노노베씨 쪽에서 자기들의 의견을 듣지 않아서 이러한 일이 일어났으니 그 불상을 없애버리자고 하였다.

천황이 그렇게 하도록 하여 유사(有司)가 불상을 강에 던져 버리고 절에 불을 놓아버렸더니 갑자기 궁궐의 대전에 불이 나는 이변이 일어났다고 한다. 불교를 수용하는 데 신이한 이적(異跡)을 매우 중요시하는 것은 이차돈이 사망하자 머리에서 흰 피가 솟았다는 기이한 일화를 연상하게 한다.

동왕 14년(553) 5월, 하내국(河內國)의 모정해(茅渟海)에서 불교 음악이 들린다고 하여 천황이 이케헤노아타히(溝邊直)에게 알아보게 하였더니, 그가 바다에서 녹나무를 가져다 바쳐서 왕이 화공(畫工)에게 불상 2구를 만들도록 명하였다고 한다.

이 기사는 천황이 불교에 대하여 우호적인 입장을 가졌다는 뜻으로 해석할 수 있다. 그리고 다음 해에 승려 담혜(曇慧) 등 9인을 승려 도침(道深) 등 7인과 교대하였다는 기록을 통해서는 백제와 왜국의 불교 교류가 지속되었다는 것을 알 수 있다.

이때 역박사(易博士), 의박사(醫博士), 채약사(採藥師), 악인(樂人) 등도 3년마다 교체하였다고 하는데 고대의 의학은 도교적 의술과 관련이 있기 때문에 도교도 전래되었다고 볼 수 있다. 이와 같이 유교와 불교 및 도교 등 다양한 선진 문물이 지속적으로 전해졌다는 것을 알 수 있다.

억압과 숭상 끝에
일본에 수용된 불교

점쟁이에게 물으니
"아버지 대부터 불신(佛神)〔부처〕에 제사를 지낸
마음 때문입니다"라고 대답하였다. …
천황이 점쟁이의 말에 따라
"조상신에게 제사를 지내라"고 명하였다.

– 비다쓰 천황 14년조, 『일본서기』 권20

제30대 비다쓰 천황은 불교 수용에 미온적인 태도를 보이다가 마침내 불교를 탄압하였다. 동왕 13년(584) 가을에는 백제에서 미륵석상 1구 등 불상들이 들어왔고, 최초의 비구니 젠신노아마(善信尼)가 제자들을 양성하였으며, 우마코노스쿠네(馬子宿禰)가 집에 불전을 세우는 등 불교가 수용되었다고 할 만한 기록도 전해진다. 그렇게 불교는 순조롭게 자리 잡는 듯했다.

그러나 이후 불교는 많은 우여곡절을 겪게 된다. 제29대 긴메이 천황이 불교를 수용하여 절을 지은 데 반하여 그의 아들인 비다쓰 천황은 불교를 탄압하기 시작하였다.

소가 대신(蘇我大臣)이 병이 들었다. 점쟁이에게 물으니 "아버지 대부터 불신(佛神)[부처]에 제사를 지낸 마음 때문입니다"라고 대답하였다. … 천황이 점쟁이의 말에 따라 "조상신에게 제사를 지내라"고 명하였다. … 이에 "참으로 그러하다. 마땅히 불법을 금하라"고 명하였다. … 모노노베 대신(物部大臣)은 불탑을 무너뜨리고 불을 질러 태우고, 불상과 불전을 불태웠다.

　　　　　－ 비다쓰 천황 14년조,『일본서기』권20

동왕 14년(585) 2월에만 하여도 불탑을 세우고 법회를 크게 열었으며, 사리를 불탑에 안치하였다는 기록이 남아 있다. 그러나 불과 열흘 후에 상황은 달라진다. 점쟁이가 소가 대신이 병이 든 연유로 불교를 믿었기 때문이라 대답하자 불교 의례를 그치고 조상신에게 제사를 지내라는 명령을 내린 것이다. 전왕이 불교를 숭신하여 역병이 유행하게 된 것이라는 신하들의 말에 따라 불법을 금하도록 하였다. 모노노베 대신은 절에 가서 불탑을 무너뜨리고 불을 질렀으며, 불상과 불전을 불태웠다.

그러나 후에 천황과 모노노베 대신이 두창에 걸리자 불상을 태운 죄라는 소문이 돌았다. 이에 우마코 노스쿠네가 불교의 힘을 입지 못하면 치유되기 어렵다고 간언을 하자 천황은 "너 혼자만 믿어라! 다른 사람은 금지한다"라고 하였다. 그러다 가을에 천황이 궁궐의 대전에서 사망하였다.

제31대 요메이 천황(用明天皇)은 불교를 지지한 최초의 천황으로, 당시 불교를 둘러싼 갈등은 절정에 달하였다. 즉위 2년(587)에 "짐은 삼보에 귀의하고자 한다. 경들은 이를 논의하라"고 명하였으나 모노노베 대신이 반대하고, 소가 대신은 찬성하여 의견이 엇갈렸다고 기록되어 있다.

이를 보고 천황은 슬피 울다가 며칠 만에 대전에서 사망하였다. 백제의 침류왕이 원년(384)에 불교를 수용하고 나서 다음 해에 사망하였는데 유사한 상황이라고 하겠다.

이후 제32대 스슌 천황(崇峻天皇) 대에 가서야 소가씨와 모노노베씨를 중심으로 전개된 숭불(崇佛)파와 배불(排佛)파의 대립이 종식되고, 사찰의 조영이 본격적으로 시행되었다. 소가씨와 모노노베씨가 접전을 벌여 소가씨가 승리하여 사천왕사를 짓고, 아스카(飛鳥) 지역에 법흥사를 세웠다고 한다.

그리고 동왕 원년(588)에 백제는 사신과 승려 혜총(惠總), 영근(令斤), 혜식(惠寔) 등을 통하여 불사리(佛舍利)를 보냈다고 기록되어 있다. 또한 승려 영조율사(聆照律師) 등과 사공(寺工) 태량미태(太良未太), 노반박사(鑪盤博士), 와박사(瓦博士), 화공 등을 보냈다. 이들이 법흥사를 창건한 이후 왜국에서는 많은 불사들이 이루어졌고, 왕녀인 젠신노아마를 백제국의 사신 등에 딸려 보내서 학문을 배우도록 하였다.

이후 제33대 스이코 천황 원년(593)에는 불사리를 법흥사 찰주의 초석에 안치하고, 탑의 찰주를 세웠다는 기록이 있다. 동왕 3년(595) 쇼토쿠 태자는 고구려 승려 혜자(惠慈)

에게 불교를 배웠으며, 같은 시기 백제의 승려 혜총이 와서 불교를 널리 퍼뜨렸다. 혜자는 쇼토쿠 태자의 불교 스승으로 아스카 불교의 발전에 크게 기여하였다. 이듬해 법흥사가 완성되자 혜자와 혜총 두 승려가 처음으로 법흥사에 거주하게 되었다.

또한 동왕 10년(602)에는 백제의 승려 관륵(觀勒)이 역서(曆書)와 천문지리의 서적과 아울러 둔갑과 방술의 서적을 가져왔다. 이때 서생(書生) 서너 명을 선발하여 천문과 둔갑 및 방술을 배우도록 하였다는 기록을 보면 도교 또한 수용되었다는 것을 알 수 있다.

05

유교와 불교의 가치를
헌법으로 명문화하다

삼보를 두터이 섬겨라. 삼보는 불·법·승이다. …
임금은 하늘이고, 신하는 땅이다. …
식탐을 끊고 욕심을 버리며, … 공정하게 가려라.

– 스이코 천황 12년조, 『일본서기』 권22

불교가 법제적으로 공인을 받은 것은 제33대 스이코 천황 12년(604)에 반포된 헌법 17조의 둘째 조목 '삼보를 두터이 섬기라'고 한 데서 비롯한다. 스이코 천황 대에 제정된 헌법 17조는 쇼토쿠 태자가 제정한 일본 최초의 성문법으로 귀족과 관리가 지켜야 할 정치와 윤리 17조를 한문으로 정한 것이다.

여기에는 불교, 유교와 법가의 영향이 보이고, 천황을 중심으로 하는 국가의식이 강하게 나타나고 있다. 불교에서 말하는 화(和)와 유교에서 말하는 예(禮) 등에 의한 정치이념이 제시되었으며, 호족 간의 화합, 불교의 공인과 존중, 천황에의 복종 등의 가치를 드러낸다.

즉 불교를 중심으로 유교와 토착신앙인 신기신앙[神道]의 좋은 점을 모은 신·불·유의 습합(褶合) 현상을 보이고 있는 것이다. 이러한 내용의 헌법 17조는 이후에 나타나는 정치 개혁 운동인 다이카개신(大化改新)의 정치적 이념이 되었다고 할 수 있다.

첫 번째, 화합을 귀하게 여기고, 거슬리지 않는 것을 근본으로 삼아라. …

두 번째, 삼보를 두터이 섬겨라. 삼보는 불·법·승이다.
… 만국의 궁극적 근원이다.

세 번째, 조칙을 받으면 반드시 따르라. 임금은 하늘이고, 신하는 땅이다.

네 번째, 공경(公卿)이나 관료는 예법을 기본으로 하라. 백성을 다스리는 근본은 반드시 예법에 있다.

다섯 번째, 식탐을 끊고 욕심을 버리며, 소송을 공정하게 가려라. …

− 스이코 천황 12년조, 『일본서기』 권22

스이코 천황은 일본 최초의 여성 천황으로 11년(603) 12월에 처음으로 관위를 제정하였는데, 고구려의 13등급 관위와 백제의 16관등을 참고하여 관위를 만들었다.

그다음 해 정월에 관위를 모든 신하에게 각각 차등이 있게 하사하고, 실권을 가진 쇼토쿠 태자가 헌법 17조를 만들도록 하였다고 기록되어 있다. 이는 지배층인 관인에 대한 훈시의 성격을 가졌는데, 조문에 사용된 표현 등을 미루어 짐작하여 제40대 덴무 천황 이후에 만들어진 것으로 보기도 한다.

이제부터는 헌법 17조를 하나하나 보면서 당시 일본의 의식 세계를 더욱 자세히 살펴도록 하자.

첫 번째, 상하가 화목하고 시비를 가리면 일은 스스로 통하므로 무슨 일이든 성취할 수 있다. 화(和)를 강조한 부분이다.

두 번째, 불교에 귀의하여 불·법·승 삼보를 받들어 마음을 바로 하여야 한다. 이로써 일본에서 불교가 법제적으로 공인되었다고 할 수 있다.

세 번째, 임금은 하늘이고 신하는 땅이므로 군주의 말에 신하는 반드시 승복하고, 위가 행할 때 아래는 따라야 한다. 유교적 군신 관계를 강조한 부분이다.

네 번째, 군신의 예(禮)가 있으면 서열도 문란하지 않고, 백성이 예가 있으면 국가가 저절로 다스려진다. '예'를 강조하는 구절이다.

다섯 번째, 소송을 취급하는 자는 사리사욕을 탐하여 뇌물을 받고 죄를 의논해서는 안 된다. 공정(公正)에 관한 이야기이다.

여섯 번째, 군주는 충의(忠義)의 마음으로, 백성은 인애(仁愛)의 마음으로 섬겨야 한다. '충'과 '인'의 중요성과 그

의미를 강조하고 있다.

일곱 번째, 사람에게는 각각 임무가 있어서 임용하는 것을 함부로 해서는 안 되고, 적임자를 얻도록 하여야 한다.

여덟 번째, 귀족이나 신하는 공무를 소홀히 해서는 안 되므로 아침에 일찍 출사하고 저녁 늦게 퇴근하여야 한다.

아홉 번째, 일의 선악과 성패는 반드시 믿음에 있다. 군신의 믿음, 신(信)을 강조하고 있다.

열 번째, 스스로 반성하고 자기 혼자 좋다고 생각하더라도 대중의 의견을 존중하여 행동하여야 한다. 신(愼)과 경(敬)의 중요성을 말한다.

열한 번째, 일을 담당하는 공직자는 공적에 따라 상을 주고 죄를 벌하여 상벌을 정확히 하여야 한다.

열두 번째, 나라에 두 군주가 없고 백성에게 두 주인이 있을 수 없으므로 세금을 따로 걷어서는 안 된다.

열세 번째, 공직자는 각자의 직무를 잘 숙지하고 이전에 알고 있는 바와 같이 대응하여야 한다.

열네 번째, 군신이나 관료들은 질투하지 말고, 현인과 성인을 얻도록 노력하여야 한다. 인재 등용의 중요성을 강조하는 대목이다.

열다섯 번째, 사심을 버리고 공적으로 일을 수행하는 것이 신하의 도리이다. 멸사봉공(滅私奉公)을 강조하는 내용이다.

열여섯 번째, 농한기인 겨울에는 백성을 사역해도 좋으나 농번기인 봄부터 가을에 걸쳐서는 백성을 사역해서는 안 된다. 위민의식(爲民意識)을 강조하고 있다.

열일곱 번째, 작은 일은 사소하므로 여러 사람과 의논할 필요는 없으나 큰일을 의논할 때는 여러 사람과 서로 논의하여 일이 도리에 맞도록 하여야 한다. 협치에 관한 이야기이다.

이상의 헌법 17조는 당시 일본이 불교를 공인하고, 유교적 정치이념을 제시하였으며, 법치를 중요시하였다는 점을 보여준다.

동왕 14년(606) 기록에 따르면 원흥사 금당에 장육상을 안치하고, 승려들에게 재회(齋會)를 열었으며, 이 해부터 절마다 4월 8일과 7월 15일에 재회를 행하였다고 한다. 여기에서 4월 8일은 석가 탄신일이며, 7월 15일은 우란분재(盂蘭盆齋)일로서 조상의 영혼을 맞이하여 공양하는 불교 의례이다.

흥미로운 점은 우란분재를 시행하는 7월 15일은 도교의 중원재(中元齋)일이기도 하다는 것이다. 이로써 불교와 유교 및 도교가 융합되어 있는 것을 알 수 있다.

다이카개신,
천황의 통치를 강화하다

불교를 선양하고 승니(僧尼)를 공경하였다.
짐은 더욱더 바른 가르침을 숭상하고
큰 법을 널리 퍼뜨리고자 한다.

– 코우토쿠 천황 원년조, 『일본서기』권25

당태종에 의하여 '정관의 치'라는 성공적 개혁을 경험한 당
나라의 유학생과 유학승은 동아시아에 긴장감을 전달하였
다. 이에 따라 일본 조정에서도 변화에 대응하여 권력을 집
중하려는 움직임이 일어났다.

집권 세력이었던 소가씨에 반대하는 나카노오에 황자
(中大兄皇子)와 나카토미노 카마타리(中臣兼足)에 의하여 제
35대 고교쿠 천황(皇極天皇)은 4년(645)에 동생 코우토쿠
천황(孝德天皇)에게 왕위를 양위하였다. 뒤이어 나카노오에
황자는 황태자가 되어 실권을 장악하고, 일본 최초로 독
자적인 연호인 '다이카(大化)'를 선포하였으며, 그다음 해
정월에는 정치 개혁 조칙인 '다이카개신'의 조칙을 반포하
였다.

제36대 코우토쿠 천황은 외래종교인 불법을 존중하고
전통신앙인 신기신앙[神道]을 가볍게 여겼으며, 사람됨이
부드럽고 인자하며 유학자를 존중하였다. 그는 불교와 유
교를 중심으로 중앙집권화를 추진하여 나갔다. 이에 따라
한반도로부터 건너온 고구려 승려와 백제 승려를 일본 10
사(師)로 임명하여 일본 승려들에게 불법을 가르치도록 명
하였다.

대화(大和) 원년 8월 … 불교를 선양하고 승니(僧尼)를 공경하였다. 짐은 더욱더 바른 가르침을 숭상하고 큰 법을 널리 퍼뜨리고자 한다. 그래서 박대법사(狛大法師), 복량(福亮), 혜운(惠雲), 상안(常安), 영운(靈雲), 혜지(惠至), 사주(寺主) 승려 민(旻), 도등(道登), 혜린(惠隣), 혜묘(惠妙) 등을 십사(十師)로 삼는다. 특히 혜묘는 백제사(百濟寺) 의 사주로 삼는다. 이 십사들은 여러 승려들을 가르치고 이끌며, 석가의 가르침을 수행할 때는 반드시 불법에 따르게 하라.

－ 코우토쿠 천황 원년조,『일본서기』권25

코우토쿠 천황은 왕위에 오르자마자 다이카 원년(645) 8월에 불교를 숭상하고자 10사를 임명하였다. 여기에서 10사 제도란 제33대 스이코 천황 32년(624) 이래 설치된 승정(僧正)과 승도(僧都)와 같은 기존의 승관들에 새로운 인물들을 더 추가하여 비상시적으로 확대하여 만든 것을 의미한다.

10사는 북제(北齊)의 소현(昭玄) 10통을 모방한 것으로 이것을 일본에 도입한 사람은 수나라에서 유학한 경험이 있던 승민(僧旻)과 상안(常安) 등이었다. 이러한 10사는 당나라의 10대덕(大德)과 마찬가지로 불교계의 통제를 승단 내에서 승관들을 통하여 실현하고자 하는 의지를 내포하고 있다.

즉 천황이 10사 제도를 바탕으로 불교계를 직접 통제하려고 한 것이다. 10사 중에는 고구려 승려가 네 명, 백제 승려가 네 명 있었는데, 이를 통하여 한반도로부터 받아들인 선진문물에 기초하여 천황권을 강화하려고 한 것을 알 수 있다.

'개신(改新)의 조칙'은 다이카 2년(646) 정월에 신년하례가 끝난 뒤 곧 선포되었다.

첫째, 이전에 천황들이 세운 자대(子代)의 백성과 각처의 둔창(屯倉) 및 귀족과 호족 등이 소유한 부곡(部曲)의 백성과 각처의 전장(田莊)을 폐지하라! …

둘째, 이제 왕경(王京)을 정비하고, 산하(山河)의 구획을 정하라! …

셋째, 호적(戶籍), 계장(計帳), 반전수수법(班田收授法)을 만든다. …

넷째, 이전의 부역(賦役)을 파하고 전조(田調)를 시행한다.

– 코우토쿠 천황 2년조, 『일본서기』 권25

조칙을 조목별로 따라가며, 당시 일본의 의식을 함께 살펴보자.

첫째, 이전에 천황들이 세운 황실 사유지의 사유민, 각처의 식량창고 및 호족들이 소유한 부민의 사유민을 공민화하고, 각처의 호족들이 경영하는 토지를 폐지하는 공지·공민화 정책을 추진하고자 하였다.

둘째, 천황의 궁궐이 있는 왕경을 재정비하고 기내 지역의 방비와 역마 등 통치 제도를 정비할 뿐만 아니라, 산과 강을 경계로 지방의 구획을 정하여 지방통치 제도를 정비하도록 하였다. 이는 중앙과 지방의 통치를 모두 중앙에서 통제하도록 함으로써, 천황 중심의 중앙집권적 통치체제를 강화한 조치라고 할 수 있다.

셋째, 백성의 이름과 연령 및 가족 관계 등을 매호마다 기재한 호적을 만들고, 특산물과 요역 등을 기록한 대장을 매년 작성하도록 하였다. 또한 일정액의 구분전을 양인 남녀와 노비에게 차등을 두어 각호마다 지급하는 반전수수법을 만들어 시행하도록 하였다.

넷째, 종래의 역역(力役)을 없애고 전조(田租)를 시행하여 고운 비단, 거친 비단, 명주실, 명주솜 등 모두 그 지역에서 생산하는 것을 바치도록 하였다. 그리고 군역과 부역을 마을 단위로 책정 부과하여 마을을 국가가 직접적으로 통치하는 시스템을 구축하고자 하였다.

이는 당나라의 율령제를 수용하여 균전제의 토지제도를 정하고, 이로부터 비롯하여 국가 재정의 기반이 되는 조·용·조(租·庸·調)의 세제, 농민들이 평상시에는 농사를 짓고 전쟁이 일어나면 출병하는 부병제(府兵制) 등을 법제화한 것이다.

이후 약 5년 동안 정치 개혁에 전념한 결과 당나라의 제도를 본뜬 중앙집권적 국가 성립의 출발점을 맞게 되었다. 이 개혁은 천황을 중심으로 한 중앙집권적 정치기구를 구축하여 토지와 인민을 국가가 직접 다스림으로써 민생의 안정을 도모하고자 한 것이었다.

한마디로 다이카개신은 유교적 정치이념을 통하여 천황의 중앙집권적 통치를 강화한 조치라고 할 수 있다. 이후 유교의 가치는 귀족계급 사이에서만 통하는 것이 아니라 국가의 정치이념 또는 위정자의 필수 덕목이 되었다.

일본이 백제부흥운동을
지원한 이유

지금 들으니 일본국의 구원군 장수
이호하라노 기미오미(盧原君臣)가 건아(健兒)
1만여 명을 거느리고 바다를 건너오고 있다. …
나는 백촌(白村)에 가서
기다리고 있다가 접대하리라.

– 덴지 천황 2년조, 『일본서기』 권27

왜국이 백제부흥운동에 대규모 군대를 파견한 것은 백제로부터 선진문물을 지속적으로 수용하기 위한 의도 때문이었다. 하지만 바람과 달리 백제와 왜국은 전쟁에서 패배하고 말았고, 이후 백제의 왕족과 귀족 및 엘리트는 왜국으로 망명하여 일본 고대국가의 발전과 고대문화의 진흥에 기여하였다.

백제를 지원하고자 대규모 군대를 파견한 사람은 제38대 덴지 천황(天智天皇)이었다. 그는 다이카개신을 이끌었던 나카노오에 황자로, 고교쿠 천황이 7년(661)에 사망한 후에 천황이 되었다. 덴지 천황은 백제부흥운동에 패배한 후, 백제의 유민들을 받아들여 내정을 개혁하고 국방에 힘을 썼으며 신라와의 외교 관계를 재개하였다.

백제왕이 자신의 훌륭한 장수를 죽였으므로, 신라는 곧바로 백제로 쳐들어가 먼저 주유성(州柔城)을 빼앗으려 하였다. 그러자 백제왕이 적의 계략을 알고 장군들에게 말하였다. "지금 들으니 일본국의 구원군 장수 이호하라노 기미오미(盧原君臣)가 건아(健兒) 1만여 명을 거느리고 바다를 건너오고 있다. 장군들은 미리 준

비하도록 하라. 나는 백촌(白村)에 가서 기다리고 있다
가 접대하리라"라고 말하였다.

– 덴지 천황 2년조, 『일본서기』 권27

기록에 따르면 덴지 천황은 백제를 구하고자 즉위 후 곧
바로 장수들을 보냈고 무기와 식량을 함께 지원하였다. 일
본에 와 있었던 백제 왕자 풍장(豊璋), 좌평 복신(福信), 대장
군 대금중(大錦中) 등을 백제국에 보내고, 풍장에게 백제의
왕위를 계승하도록 하였다.

이어서 동왕 2년(663) 3월, 천황은 전장군 카미츠케노노
키미 와카코(上毛野君稚子) 등을 보내 2만 7000명을 거느리
고 신라를 치게 하였다. 그러나 6월에 백제왕 풍장은 복신
의 모반을 의심하고 그를 참하여 내부 분열이 발생하였다.
그 결과 8월에 신라가 백제부흥운동군의 내부 분열을 틈
타서 백제로 쳐들어가 주유성[주류성]을 빼앗으려고 한 것
이다.

풍장은 일본군의 구원군 장수 이호하라노 기미오미가
용감한 군사 1만여 명을 거느리고 바다를 건너오고 있다
는 소식을 듣고 금강의 하류인 백촌강에서 기다리겠다고

한다. 그리하여 일본의 수군 중에서 처음에 온 선발대가 당나라 수군과 싸웠으나, 패배하면서 일본군이 물러나게 되었다.

패배의 원인에는 일본의 장군들과 백제왕이 기상 상태를 제대로 살피지 않았던 탓도 있었다. 제대로 된 준비 없이 선수를 치다가 오히려 협공을 당하고 패배한 것이다. 백제왕 풍장은 배를 타고 고구려로 도망하였으며, 9월에 백제부흥운동의 중심이었던 주류성이 당나라 군대에 항복하며 백제부흥운동은 종말을 고하게 되었다.

이상의 내용이 바로 백촌강 전투에 대한 『일본서기』의 기록이다. 백제를 구원하러 간 왜군이 백촌강에서 나당연합의 수군에게 패하고, 결국 주류성이 함락되면서 백제부흥운동이 막을 내리게 된 것이다.

사실 왜국이 백제부흥운동에 대규모 군대를 파견한 데는 그만한 이유가 있었다. 백제가 멸망하면 그다음 공격 목표가 자신들이었기 때문이다. 물론 처음에 밝혔듯이 백제로부터 선진문물을 지속적으로 수용하기 위한 의도 또한 있었다.

앞서 이야기한 것처럼 전쟁에서 패배한 후 백제의 왕족

과 귀족 및 엘리트는 왜국으로 망명을 하여 일본 고대국가의 발전과 문화 진흥에 크게 기여하였다. 이는 『삼국사기』에 문무왕 10년(670), 왜국이 국호를 '일본'으로 변경하였다는 기록을 통해서도 알 수 있다.

덴지 천황 8년(669)에는 카후치노 아타히쿠지라(河內直鯨) 등의 사신을 당나라로 보내 고구려를 멸망시킨 것을 축하하였다는 기록이 있는데, 이는 백제부흥운동군 지원 시 파견한 왜군 중 포로로 잡혀 당나라로 끌려간 병사들을 송환하고자 하는 목적 때문이었다.

이후 일본은 견당사(遣唐使)를 보내 동아시아 세계의 일원으로서 당나라와 통일신라 및 발해와 교류를 이어갔다. 선진문물을 받아들임으로써 유교와 불교 및 도교를 더욱 발전시켜 나가기 위함이었다.

이념의 융합으로 완성된
일본의 국가체제

사신을 사방에 보내어 폐백을 바치고
신기(神祇)들에게 기도하게 하였다.
또 여러 승니를 청하여 부처님께 기도하게 하였다.

－ 덴무 천황 5년조, 『일본서기』 권29

제39대 고분 천황(弘文天皇)이 집권한 지 채 1년도 지나지 않은 원년(672) 고대 일본에서 일어난 가장 큰 규모의 반란인 임신란(壬申亂)이 발생한다. 이후 일본의 정치와 사회에 커다란 영향을 미친 이 반란의 주동자는 제40대 덴무 천황으로, 즉위 후 도읍을 오미(近江)에서 아스카로 옮기고 중앙집권화를 강력하게 추진하였다.

덴무 천황은 원래 오오아마 황자(大海人皇子)로 제38대 덴지 천황을 잇는 황위 계승자였으나, 덴지 천황은 오오토모 황자(大友皇子)를 후계자로 삼았다. 이에 오오아마 황자는 천황의 의심을 피하기 위하여 승려로서 출가를 하였다.

그러나 당시 오미 조정의 움직임을 보고 신변의 위협을 느낀 오오아마 황자는 동쪽 지방 호족의 병사들을 모아 임신란을 일으켰다. 결국 오미 조정의 군대를 세타하시(瀨田橋) 전투에서 승리로 이끌어 오오토모 황자를 자결시키고 천황으로 즉위하였다.

덴무 천황 2년(673) 아스카 정어원궁(淨御原宮)에서 즉위 의례를 가진 그는 매우 전제적인 천황권을 확립시켰다. 전통적인 귀족들의 세력을 약화시키고, 황족의 지위와 권한을 강화하기 위하여 황족을 전면에 내세운 황친(皇親) 정치를 펼침으로써 기내 호족층의 관료화를 추진하였다.

덴무 천황은 전란에 대한 논공행상을 확실하게 하였으며 관제와 행정기구를 대대적으로 정비하였고, 지방의 영역을 확정하여 지방행정제도도 정리하였다. 또한 신분에 따라 8개의 성으로 구분하는 8색성(八色姓), 관위 48계 등을 시행하고 관위에 따른 복식도 새로이 제정하였다.

부곡제(部曲制)를 폐지하고, 식봉(食封)의 봉지 교체를 시행하여 씨족의 경제적 기반을 빼앗은 것 또한 왕권 강화를 도모하기 위함이었다. 뿐만 아니라 중앙집권적 천황체제의 기반을 마련하고자 동왕 10년(681) 율령의 제정을 명하였으며,『일본서기』등 역사 편찬사업에도 착수하였다.

이와 같은 개혁으로 귀족과 호족의 지위와 세력은 새로이 재편되었으며, 천황을 중심으로 하는 강화된 중앙집권 체제와 율령국가의 기틀이 마련되었다.

사실 이러한 율령은 이미 한반도에는 4~5세기에 수용되어 삼국은 율령에 의한 지배로 비약적인 발전을 이루고 있었다. 반면 백촌강 전투 패배 이후 새로운 변화의 필요성을 깨달은 일본은 7세기에 이르러 개혁을 도모하였던 것이다. 임신란 이후 덴무 천황이 강력한 권력을 배경으로 황

족을 중용하고, 천황 중심의 정치를 통하여 중앙집권적 국
가 건설을 추진한 이유였다.

> 10년 2월 경자삭 갑자에 천황과 황후가 같이 대극전
> (大極殿)에 나가 여러 왕 및 제신을 불러 조칙을 내려
> "짐은 이제부터 다시 율령을 정하여 법식을 정하려 하
> 니 모두 같이 이 일을 수행하라. 그러나 갑자기 이 일
> 에만 전념하면 공사를 빼놓을 수 있으니 나누어 시행
> 하라"라고 말하였다.
>
>   ─ 덴무 천황 10년조, 『일본서기』권29

  이는 아스카 정어원령(淨御原令)의 편찬을 시작하는 기사
로, 제41대 지토 천황 3년(689) 6월에 반포되었으나 현재
남아 있지 않다. 호적 제도, 지방 제도, 반전수수법 등을 제
도화한 일본 최초의 체계적인 법률이었으나 '율(律)'은 없
고 '령(令)'만 구성되었으며, 당나라의 율령을 참고하였으
므로 일본의 실정과 맞지 않은 내용이 많았다.
  따라서 이를 준거 보완하여 대보 원년(701)에 '율(律)'과
'령(令)'을 함께 갖춘 대보율령(大寶律令) 17권이 완성되었

다. 율은 형법에 해당하고, 영은 행정조직과 인민의 조세, 노역, 관리의 복무규정 등 국가 통치에 필요한 조항을 의미하였다. 율령 정치의 대강은 이 율령에서 만들어진 것이다.

율령에서 율은 당의 율령을 모방하여 당나라의 그것과 비슷하지만, 영은 일본의 실정을 고려하여 만든 부분이 많다. 예를 들면 당나라의 율령은 3성 6부제를 정점으로 하여 황제에 직속된 3성이 그 아래의 6부를 통하여 조칙을 시행하였으나, 일본에서는 행정을 담당하는 태정관(太政官)과 제사를 지내는 신기관(神祇官)을 명확히 나누고 태정관 밑에 여덟 개의 성을 두는 2관 8성제가 시행되었다.

여기에서 제사를 지내는 신기관을 두었다는 것은 전통적인 신기신앙[神道]을 중요시하였다는 것을, 행정을 담당하는 태정관을 두었다는 것은 유교적 정치이념에 따라 행정을 집행하도록 한 것을 의미한다. 유교를 오경을 밝히는 학문이라는 의미로 명경도(明經道)라 부르고, 율령에 의하여 명경박사(明經博士)를 두었던 사실도 주목할 점이다.

이처럼 덴무 천왕은 본래 불교 승려였지만 불교의 진흥뿐만 아니라, 유교와 전통신앙인 신기신앙[神道]의 발전에도 크게 이바지하였다. 이세신궁(伊勢神宮)을 정점으로 하는 신지(神祇) 제사를 조직화하면서 관대사(官大寺)를 진호국가 (鎭護國家)의 거점으로 하는 불교 통제 또한 강화하였다.

이세신궁은 일본 토착신앙인 신도(神道)의 신들을 모시는 신궁으로, 내궁과 외궁으로 나뉘어 있다. 내궁에서는 일본 황실의 조상신으로 섬기는 아마테라스 오미카미(天照大神) 를 모시며, 외궁에서는 곡식의 여신인 도요우케 오미카미 (豊受大神)를 모신다. 덴무 천황 대에 내궁과 외궁이 비로소 제도화되었는데, 이세신궁을 여러 신사들의 정점으로 하여 신도의 체계적 통합을 이루고자 한 것이었다.

> 여름에 크게 가뭄이 들었다. 그리하여 사신을 사방에 보내어 폐백을 바치고 신기(神祇)들에게 기도하게 하였다. 또 여러 승니를 청하여 부처님께 기도하게 하였다. 그러나 비가 오지 않았다. 이로 말미암아 오곡이 여물지 않아 백성이 굶주렸다.
>
> — 덴무 천황 5년조, 『일본서기』 권29

여름에 가뭄이 들자 먼저 천신과 지기들에게 기도하고 승려들에게 청하여 부처님께 비가 오기를 기도하였다는 기록을 통하여, 토착신앙인 신기신앙[神道]과 외래종교인 불교를 모두 중요시하고 있는 것을 알 수 있다. 그 이후에도 종종 신궁에 가서 천신과 지기에게 제사를 지내게 하고, 법회를 열어 불경을 읽게 하는 기사들이 많이 나타난다.

또한 동왕 9년(680) 황후가 병이 났을 때는 황후를 위하여 약사사(藥師寺)를 세우고, 100인의 승려를 출가시켜 병이 호전되기도 하였다. 그리고 다음 해 율령을 반포하면서 앞서 언급하였던 신기관을 두어 신도의 발전을 제도적으로 정착시켰다는 기록도 나온다. 신기관은 천신과 지기에 대한 제사뿐만 아니라 모든 제사를 주관하여 국가 이데올로기를 담당하였다.

신기관은 전 국토의 죄악을 없애는 오하라이(大祓)을 행하였는데 축사(祝詞)를 독송하고, 해제(解除)를 하며 천황의 장생을 기원하는 주문을 독송하였다. 독송하는 주문의 내용에 동왕공(東王公)과 서왕모(西王母) 등 도교 신이 등장하는 것으로 보아 오하라이는 도교적 요소와 융화된 의례라고 할 수 있다.

이처럼 일본은 당나라와 통일신라 및 발해와 교류하면서 선진문물을 받아들여 율령체제를 확립하고 유교를 정치이념으로, 불교를 종교로 확립해 나갔다. 비록 율령 제도는 중국을 모방한 것이라도 신기 제도는 일본의 독특한 제도로서, 전통신앙인 신기신앙[神道]을 중심으로 유교와 불교를 발전시켜 나갔다는 점에서 큰 의미가 있다. 이를 일본 학계에서는 신·불·유 습합이라고 이른다.

참고문헌

PART 1 동아시아의 통치이념이 된 유교_오긍 『정관정요』

1. 吳兢, 『貞觀政要』, 木版本(高麗版), 高麗大圖書館藏.
2. 吳兢, 1967, 『貞觀政要』, 臺灣中華書局.
3. 구보타 료온 지음, 최준식 옮김, 1990, 『중국유불도 삼교의 만남』, 민족사.
4. 훙씨우핑 지음, 김진무 옮김, 1999, 『선학과 현학』, 운주사.
5. 라이용하이 지음, 김진무 옮김, 1999, 『불교와 유학』, 운주사.
6. 누노메 조후·구리하라 마쓰오 지음, 임대희 옮김, 2001, 『중국의 역사: 수·당·오대』, 혜안.
7. 가와카쓰 요시오 지음, 임대희 옮김, 2004, 『중국의 역사: 위진남북조』, 혜안.
8. 김택민 주편, 2003·2005, 『역주 당육전 상·중』, 신서원.
9. 오긍 지음, 신동준 옮김, 2013, 『정관정요』, 을유문화사.
10. 김경수, 2013, 『북송 초기의 삼교회통론』, 예문서원.
11. 오긍 지음, 김원중 옮김, 2016, 『정관정요』, 휴머니스트.
12. 오긍 지음, 김영문 옮김, 2017, 『정관정요』, 글항아리.
13. 잔스촹 외 지음, 안동준 외 뒤침, 2018, 『중국종교사상통론』, 알마출판사.
14. 모리 미키사부로 지음, 조병환 옮김, 2018, 『중국사상사』, 서커스.
15. 도키와 다이조 지음, 강규여 역주, 2021, 『중국의 불교와 유교 도교 상·중·하』, 세창출판사.

PART 2 융화의 정신으로 신라 중흥을 꿈꾸다_최치원 『계원필경』 『사산비명』

1. 추만호, 1992, 『나말여초 선종사상사 연구』, 이론과실천.
2. 한국고대사회연구소, 1992, 『역주 한국고대금석문 II (신라편)』, 가락국사적개발원.
3. 한국고대사회연구소, 1997, 『역주 한국고대금석문 III (신라·발해편)』, 가락국사적개발원.
4. 고운국제교류사업회편, 2009, 『고운 최치원의 종합적 조명』, 문사철.
5. 고운국제교류사업회편, 2010, 『고운 최치원의 철학·종교사상』, 문사철.
6. 고운국제교류사업회편, 2010, 『고운 최치원의 역사관』, 문사철.
7. 이지관 역주, 2011, 『정선 한국고승비문』, 대한불교조계종 한국전통사상서 간행위원회.
8. 최치원 지음, 최광식 역주, 2016, 『고운최치원선생문집 상』, 고운국제교류사업회.
9. 최치원 지음, 최영성 역주, 2016, 『고운최치원선생문집 하』, 고운국제교류사업회.

10. 장인성, 2017, 『한국 고대 도교』, 서경문화사.

11. 이시이 코세이 지음, 최연식 옮김, 2020, 『동아시아 불교사』, 씨아이알.

12. 가미쓰카 요시코 지음, 장원철·이동철 옮김, 2022, 『도교 사상』, AK.

PART 3 유학자가 바라본 사유의 용광로, 삼국과 통일신라_김부식 『삼국사기』

1. 김정배 교감, 이병도 감수, 1973, 『삼국사기』, 민족문화추진회.

2. 정구복 외 주석, 1996, 『역주 삼국사기』, 한국정신문화연구원.

3. 김부식 지음, 이강래 옮김, 1998, 『삼국사기』, 한길사.

4. 정구복, 1999, 『한국중세사학사 I』, 집문당.

5. 이강래, 2007, 『삼국사기 형성론』, 신서원.

6. 정구복, 2008, 『한국고대사학사』, 경인문화사.

7. 이강래, 2011, 『삼국사기 인식론』, 일지사.

8. 신형식, 2011, 『삼국사기의 종합적 연구』, 경인문화사.

9. 강종훈, 2011, 『삼국사기 사료비판론』, 여유당.

10. 이강래, 2017, 『삼국사기 읽기』, 세창미디어.

11. 전덕재, 2018, 『삼국사기 본기의 원전과 편찬』, 주류성.

PART 4 민족의식을 일깨운 화합과 통합의 가치_일연 『삼국유사』

1. 이동환 교감, 이병도 감수, 1973, 『삼국유사』, 민족문화추진회.

2. 이기백, 1986, 『신라사상사연구』, 일조각.

3. 신종원, 1992, 『신라초기불교사연구』, 민족사.

4. 김상현, 1999, 『신라의 사상과 문화』, 일지사.

5. 송기호, 1999, 『발해를 다시 본다』, 주류성.

6. 강인구 외, 2002-2003, 『역주 삼국유사 I-V』, 이회문화사.

7. 일연 지음, 최광식·박대재 역주, 2014, 『삼국유사 1-3』, 고려대학교출판부.

8. 채상식, 2017, 『일연, 그의 생애와 사상』, 혜안.

9. 최광식 외 편저, 2018, 『삼국유사의 세계』, 세창출판사.

10. 최광식, 2018, 『삼국유사의 신화 이야기』, 세창출판사.

11. 정병삼, 2020, 『한국불교사』, 푸른역사.

12. 최광식, 2021, 『삼국유사 읽기』, 세창미디어.

PART 5 사상의 융합 위에 국가체제를 완성한 일본_도네리 친왕 『일본서기』

1. 坂本太郎 외 校注, 1967, 『日本書紀 上·下』, 岩波書店.

2. 福永光司, 1978, 『道教と古代の天皇制』, 德間書店.

3. 唐代史研究會, 1979, 『隋唐帝國と東アジア世界』, 汲古書院.

4. 井上光貞 외, 1982, 『日本律令國家と東アジア』, 學生社.

5. 上田正昭, 1989, 『古代の道教と朝鮮文化』, 人文書院.

6. 三宅和郎, 1995, 『古代國家の神祇と祭祀』, 吉川弘文館.

7. 松前健 외, 1997, 『古代日本人の信仰と祭祀』, 大和書房.

8. 타무라 엔쵸 지음, 노성환 옮김, 1997, 『고대 한국과 일본 불교』, 울산대학교출판부.

9. 이시다 이치로 지음, 성해준·감영희 옮김, 2004, 『일본사상사의 이해』, J&C.

10. 모리 히로미치 지음, 심경호 옮김, 2006, 『일본서기의 비밀』, 황소자리.

11. 무라카미 시게요시 지음, 강용자 옮김, 2008, 『일본의 종교』, 지만지.

12. 스에케 후미이코 지음, 백승연 옮김, 2009, 『일본종교사』, 논형.

13. 사토 히로오 외 지음, 성해준 외 옮김, 2009, 『일본사상사』, 논형.

14. 최재석, 2010, 『고대한일관계사 연구 비판』, 경인문화사.

15. 연민수 외, 2013, 『역주 일본서기 1-3』, 동북아역사재단.

KI신서 10820

사유의 충돌과 융합

1판 1쇄 인쇄 2023년 3월 22일
1판 1쇄 발행 2023년 4월 3일

지은이 최광식
펴낸이 김영곤
펴낸곳 ㈜북이십일 21세기북스

인문기획팀장 양으녕 **책임편집** 정민기
교정교열 김찬성 **디자인** THIS-COVER
출판마케팅영업본부장 민안기
마케팅1팀 배상현 한경화 김신우 강효원
영업팀 최명열 김다운
e-커머스팀 장철용 권채영
제작팀 이영민 권경민

출판등록 2000년 5월 6일 제406-2003-061호
주소 (10881) 경기도 파주시 회동길 201 (문발동)
대표전화 031-955-2100 **팩스** 031-955-2151 **이메일** book21@book21.co.kr

ⓒ 최광식, 2023

ISBN 978-89-509-1093-8 04100
　　　978-89-509-4146-8 04100 (세트)

(주)북이십일 경계를 허무는 콘텐츠 리더

21세기북스 채널에서 도서 정보와 다양한 영상자료, 이벤트를 만나세요!

페이스북 facebook.com/jiinpill21　　포스트 post.naver.com/21c_editors
인스타그램 instagram.com/jiinpill21　　홈페이지 www.book21.com
유튜브 youtube.com/book21pub

서울대 가지 않아도 들을 수 있는 명강의! 〈서가명강〉
'서가명강'에서는 〈서가명강〉과 〈인생명강〉을 함께 만날 수 있습니다.
유튜브, 네이버, 팟캐스트에서 '서가명강'을 검색해 보세요!

책값은 뒤표지에 있습니다.
이 책 내용의 일부 또는 전부를 재사용하려면 반드시 (주)북이십일의 동의를 얻어야 합니다.
잘못 만들어진 책은 구입하신 서점에서 교환해 드립니다.

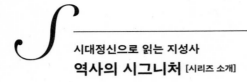

시대정신으로 읽는 지성사
역사의 시그니처 [시리즈 소개]

* 출간 예정 목록 (가제)

‖ 동양 편 ‖